马克思主义简明读本

人与自然的和谐

丛书主编：韩喜平

本书著者：王　健

编　委　会：韩喜平　邵彦敏　吴宏政
　　　　　　王为全　罗克全　张中国
　　　　　　王　颖　石　英　里光年

U0782659

吉林出版集团股份有限公司

图书在版编目（CIP）数据

人与自然的和谐 / 王健著. -- 长春：吉林出版集团股份有限公司，
2014.4（2021.2重印）
（马克思主义简明读本）

ISBN 978-7-5534-2588-7

Ⅰ.①人… Ⅱ.①王… Ⅲ.①社会主义建设模式—研究—中国 Ⅳ.
①D616

中国版本图书馆CIP数据核字（2013）第174648号

人与自然的和谐
REN YU ZIRAN DE HEXIE

丛书主编： 韩喜平
本书著者： 王　健
项目策划： 周海英　耿　宏
项目负责： 周海英　耿　宏　宫志伟
责任编辑： 陈　曲
出　　版： 吉林出版集团股份有限公司
发　　行： 吉林出版集团社科图书有限公司
电　　话： 0431-81629720
印　　刷： 永清县晔盛亚胶印有限公司
开　　本： 710mm×960mm 1/16
字　　数： 100千字
印　　张： 12
版　　次： 2014年4月第1版
印　　次： 2021年2月第4次印刷
书　　号： ISBN 978-7-5534-2588-7
定　　价： 36.00元

如发现印装质量问题，影响阅读，请与出版方联系调换。

序　言

习近平总书记指出，青年最富有朝气、最富有梦想，青年兴则国家兴，青年强则国家强。青年是民族的未来，"中国梦"是我们的，更是青年一代的，实现中华民族伟大复兴的"中国梦"需要依靠广大青年的不断努力。

要提高青年人的理论素养。理论是科学化、系统化、观念化的复杂知识体系，也是认识问题、分析问题、解决问题的思想方法和工作方法。青年正处于世界观、方法论形成的关键时期，特别是在知识爆炸、文化快餐消费盛行的今天，如果能够静下心来学习一点理论知识，对于提高他们分析问题、辨别是非的能力有着很大的帮助。

要提高青年人的政治理论素养。青年是祖国的未来，是社会主义的建设者和接班人。党的十八大报告指出，回首近代以来中国波澜壮阔的历史，展望中华民族充满希望的未来，我们得出一个坚定的结论——实现中华民族伟大复兴，必须坚定不移地走中国特色社会主义道路。要建立青年人对中国特色社会主义的道路自信、理论自信、制度自信，就必须要对他们进行马克思主义理论教育，特别是中国特色社会主义理论体系教育。

要提高青年人的创新能力。创新是推动民族进步和社会发展的不竭动力，培养青年人的创新能力是全社会的重要职责。但创新从来都是继承与发展的统一，它需要知识的积淀，需要理论素养的提升。马克思主义理论是人类社会最为重大的理论创新，系统地学习马克思主义理论有助于青年人创新能力的提升。

要培养青年人的远大志向。"一个民族只有拥有那些关注天空的人，这个民族才有希望。如果一个民族只是关心眼下脚下的事情，这个民族是没有未来的。"马克思主义是关注人类自由与解放的理论，是胸怀世界、关注人类的理论，青年人志存高远，奋发有为，应该学会用马克思主义理论武装自己，胸怀世界，关注人类。

正是基于以上几点考虑，我们编写了这套《马克思主义简明读本》系列丛书，以便更全面地展示马克思主义理论基础知识。希望青年朋友们通过学习，能够切实收到成效。

韩喜平

2013年8月

目　　录

引　言

　　人来自于自然，并受制于自然。但在西方的文化语境下，人类并没有处理好人与自然的关系。在西方文化中，人凌驾于自然万物之上，人是自然界的主人；自然是人改造和征服的对象，是取之不尽、用之不竭的资源宝库，也是抛弃废物的垃圾场。近代哲学和自然科学进一步强化了人的主体地位，尤其是工业革命之后，借助于科学技术的力量，大大加快了对自然界的索取和对环境的破坏，从而导致资源日益枯竭，生态、环境遭到的破坏日益严重。随之而来的是各种自然灾害频发，空气污染、水土流失、气候变暖、生态失衡、环境恶化、资源短缺、能源危机等一系列问题。这些灾害已经阻碍和破坏了人类社会的发展和进步。人类正面临自然界疯狂的报复。

　　反思工业文明，人们清醒地认识到，必须重新审视人与自然的关系，正确处理人与自然的关系。尊重自然、认识自然，做到人与自然和谐相处。可持续发展正是在上述背景下提出的。人们要正确处理经济发展与人口、资源、环境的关系，正确处理当代人之间、当代人与后代人之间的关系，实现人与自然的公平、当代人之间的公平、当代人与后代人之间的公平。

以胡锦涛为代表的中国共产党人审时度势，在继承前人重要思想理论的基础之上，提出了科学发展观。2007年召开的党的十七大报告提出："要建设生态文明，基本形成节约能源资源和保护生态环境的产业结构、增长方式、消费模式。"2012年召开的党的十八大也明确提出："建设生态文明，是关系人民福祉、关乎民族未来的长远大计。面对自然与生态的严峻形势，必须树立尊重自然、顺应自然、保护自然的生态文明理念，把生态文明建设放在突出地位，融入经济建设、政治建设、文化建设、社会建设各方面的全过程，努力建设美丽中国，实现中华民族永续发展。"

进行社会主义现代化建设，必须坚持以科学发展观为指导，从中国的现实国情出发，正确处理经济发展与资源、环境之间的关系，继承中华民族传统自然观的精华，吸收人类文明的优秀成果，坚持以人为本，大力发展循环经济、低碳经济、绿色经济及生态经济，倡导科学、理性的消费方式，走出一条资源节约型、环境友好型的生态文明之路。

第一章　人与自然到底是什么关系

现代工业给人们带来了丰富的物质生活，同时通过科技手段的应用部分地解放了人。但是，随着人的实践能力的提高，尤其是新的科学技术不断转化为新的社会生产力，自然生态所遭受的破坏也与日俱增。自工业革命以来的近现代历史片面强调人是自然的主宰，主张对自然大规模开发利用。人的生产和生活，尤其是社会化、规模化和专业化的生产活动为人类生产了大量的物质产品，极大地满足了人们对物质财富的需求，提高了人们的生活水平，从根本上推动了人类文明的向前发展。

人类在对自然界以高歌猛进的方式予以开发、利用的同时，却遇到了日益严重的生存困境：空气污染、水土流失、沙尘暴袭击、酸雨侵蚀、耕地减少、气候变暖、洪水泛滥、土质沙化、生态失衡、环境恶化、资源短缺、粮食匮乏、能源危机、人口膨胀等一系列问题正日益影响着人类。这些灾害已经阻碍和破坏了人类社会的发展和进步，而这些苦果的种子恰恰是人类自己亲手种下的，自然界以它自己的方式把人类对它的破坏还给了人类自己。这一事实告诫人类：人类在创造尽可能多的物质财富以满足人的生存和发展需要的过程中，绝不能无视自然生态，更不能忽略了自然的内在价值。否则结果就是人类在追求发展的同时，也在破坏发展自身赖以存在的生态环境。自然界以客观的自然法则和失衡的生态危机给人类带来灾害；人类在创造文明的同时，也在毁灭文明；人类既为自己的发展铺平了前进的道路，也给自己的发展挖掘了生态的陷阱。

第一节　中国古代"天人合一"的思想

"天人合一"是一个中国式的概念，其思想贯穿于中国传统思想文化之中。在中国的传统文化中，人与自然的关系是人类安身立命的自然前提，也是人们处理一切社会关系，推动社会发展的自然前提。传统中国社会以农业文明为主导，而小生产方式是农业文明的主要生产方式，在农业文明发展过程中，自然对于人们的生产和生活都具有极其重要的影响。"靠天吃饭"成为农业生活最贴切的描述。因此，适应自然的生产方式、消费方式变成了人们主要的社会活动方式。这种对于自然的适应，遵循自然规律的生产、生活方式就是中国古代社会中"天人合一"的生态实践活动。

一、孔子的"畏天命"思想

孔子继承和发展了西周以来的优秀文化，保留了天的神秘性与对天的敬畏。同时把天作为内在道德根源，创建了从自然到人事的伦理体系。对天的敬畏，对自然生命的尊重表现了孔子的天人观，这是中国儒家关于人与自然的关系思想的渊源。

在对待自然的态度上，孔子非常尊崇"天"，他认为，君子的道德人格的形成是一个塑造的过程，作为一个有"德"的君子，必须敬畏天，也就是"知天命"。而如果"获罪于天，无所祷也"，意思是说一旦人不按照天的运行规律或者天的意愿来活动，就会受到天的惩罚，此时再去祈求天的原谅已经无济于事了。

孔子的天人观表现为对自然的热爱。他认为仁与智的区别在于"智者乐水，仁者乐山"，意思是说"山"和"水"

属于自然现象，也是人类生存于其中的自然环境，对山水的"乐"，表达了充满智慧和德行的人能够体验自然的存在之美。而"乐"既可以是人的主观情绪、喜爱偏好，也可以是人对自然的贴近、顺从和领悟。由于人需要从自然界获得生存资料，而自然界不会主动地满足人，因此人参与自然界的过程是人改变自然界中物的存在方式从而满足自己生存需要的过程。在这一过程中，人对自然的态度是很重要的，只有"乐"的态度才能体现对自然的尊重。

二、孟子的"修身事天"思想

作为孔子思想的继承者和发扬者，孟子进一步发展了孔子的学说。在天人关系上，孟子坚持了孔子的天人观，并且在"仁"的内在德性归属立场上提出了尊重自然的天人观。

孟子告诫人们应该遵循自然规律，以合理的方式获得生产和生活资料，人们将会获得可持续的生存条件。孟子说："不违农时，谷不可胜食也；数罟不入洿池，鱼鳖不可胜食也；斧斤以时入山林，材木不可胜用也。谷与鱼鳖不可胜食，材木不可胜用，是使民养生丧死无憾也。养生丧死无憾，王道之始也。五亩之宅，树之以桑，五十者可以衣帛矣。鸡豚狗彘之畜，无失其时，七十者可以食肉矣。百亩之田，勿夺其时，数口之家可以无饥矣。"意思是说物质资料的获取、社会物质财富的增加需要根据时令，以适度的方式来生产和获取，统治者对百姓的管理也不能违背时令。

孟子认为，人的生存，就是安身立命。他说过："尽其心者，知其性也。知其性，则知天矣。存其心，养其性，所以事天也。夭寿不贰，修身以俟之，所以立命也。"意思是说安身立命之所在于修身事天，这样才能夭寿不贰。

所谓"事天"，首先指的是遵循自然规律，孟子的天人观反对违背自然规律，过度干预自然的实践方式。在揠苗助长的隐喻中，孟子首先提出了自然界的事物以"气"为主体，其运行遵循着一定的规律。"其为气也，配义与道；无是，馁也。是集义所生者，非义袭而取之也。"孟子认为，气充斥于天地之间，凝聚于万物之中，因此，人们对待自然事物需要适应自然规律而不是背离自然规律。否则，背离自然规律的结果，就如"揠苗者也，非徒无益，而又害之"。

"事天"的另一层含义是不忍心坐视生命的消亡。孟子的生态天人观蕴含了不能坐视生命之死的态度。孟子说："今有受人之牛羊而为之牧者，则必为之求牧与刍矣。求牧与刍而不得，则反诸其人乎？抑亦立而视其死与？"可见坐视牛羊之死，在孟子看来，这是"距心之罪"，与人的内在德行是不相符的。

三、荀子"天人相参"的观念

与孟子不同，荀子在发展儒家学说的同时，也提出并强调了自己的"天人相参"的天人观。荀子的这种主张，在其代表作《天论》中有过精彩而详细的描述。

人与天参，首先是人对自然界的符合和顺应，荀子的天人观强调了顺应自然的实践方式。在荀子看来，自然界有其内在的运行规律，人应该顺应自然。"天行有常，不为尧存，不为桀亡。应之以治则吉，应之以乱则凶。"用合理的措施来顺应自然规律，就会给人带来好处；相反，不按照自然规律实践，不能合理地处理好人与自然的关系问题，就会给人带来麻烦。

人与天参，其次是人以能动的实践方式参与自然界的物质交换。在发展生产力的基础上积极地认识自然、改变自然，是人类的目的。"大天而思之，孰与物畜而制之？从天而颂之，孰与制天命而用之？望时而待之，孰与应时而使之？因物而多之，孰与骋能而化之？思物而物之，孰与理物而勿失之也？愿于物之所以生，孰与有物之所以成？故错人而思天，则失万物之情。"荀子提出了利用自然、控制自然，顺应时节来使用自然的积极的人为的态度。这种积极的人为态度转化为实践方式，就是积极发展生产、提高劳动能力来治理各种各样的自然物，充分合理地利用自然物，让自然为人类服务。在这里，荀子反对对自然的静观态度，而强调了人能改变自然，以及在实践中理解"万物之情"的认识论思想。

四、董仲舒的"天人合一"理念

在继承早期儒学思想的基础上，董仲舒根据当时社会的需要进一步发展了儒家思想。董仲舒提出了"天人合一"的理念，揭示了人、社会和自然思想统一的关系，揭示了社会发展离不开自然界的自在存在和独立运行的规律。董仲舒《春秋繁露·深察名号》在以类比和相应的方式指出："天人之际，合而为一。"认为天和人并不是彼此两分的，而是彼此相合。

那么，天与人是如何相结合的呢？董仲舒认为，天地是自然物的本源，也是人生存其中的来源，董仲舒在《春秋繁露·观德》说："天地者，万物之本，先祖之所出也。广大无极，其德昭明，历年众多，永永无疆。天出至明，众知类也，其伏无不炤也。地出至晦，星日为明不敢暗。"意思是天地是万物的根本，而人是从天地自然中产生，人事活动和社会治理都需要遵循天地的变化。

在董仲舒看来，对于天来说，人是通过遵循客观规律来获得生存的。在《春秋繁露·顺命》中董仲舒认为："天者万物之祖，万物非天不生，独阴不生，独阳不生，阴阳与天地参然后生"，"人于天也，以道受命；其于人，以言受命。不若于道者，天绝之；不若于言者，人绝之。"他认为，人的活动方式如果不合乎天道，天就会使之灭绝。这在生态关系上意味着，人对自然的实践方式若是违背自然，自然就会以其自己的方式来报复人类，使人类陷入生态困境。

五、老子的天人观——"遵道合德"

老子特别提出了自然界的自由是以"道"的形式存在的。"道"先于天地而存在，并且遵循自在的法则。老子提出："有物混成，先天地生。寂兮寥兮，独立而不改，周行而不殆，可以为天下母。吾不知其名，字之曰道——人法地，地法天，天法道，道法自然。"这说明老子认为，道、天、地、人是宇宙间四种最伟大的存在。人以地为法则，地以天为法则，天以道为法则。道则以它自己的样子为法则。就是说，人要因地制宜，用地要根据天时的变化，变化则要有其存在于自然界的规律性。"道"之本性的存在促进了自然万物的存在和流传，这也是人的活动所必须遵循的自然法则。关于万物的自在存在和变化，老子认为："万物作焉而不辞，生而不有，为而不恃，功成而弗居。夫唯弗居，是以不去。"在自然界的物质变换过程中，人的活动必须符合自然法则，也就是所谓的"守中"；"天地之间，其犹橐籥乎，虚而不屈，动而愈出。多言数穷，不如守中。"

综上，遵"道"合"德"成为老子天人观的基本理念，道之本体、德之规约是世间万物自在存在的前提，也是人类展开自己生存活动的客观原则，"是以万物莫不尊道而贵德。道之尊，德之贵，夫莫之命而常自然。故道生之，德畜之，长之育之，成之熟之，养之覆之。生而不有，为而不恃，长而不宰。是谓玄德"。说天地万物都要不断地变换和流转，人也有生老病死的万般变化，而要获得持续生存就必须利用自然之道，遵道贵德。

遵道贵德就是在治人事天的过程中，按照"道"的运行规律来做事，按照客观规律来进行实践活动，就是不为难为之事。"是以圣人欲不欲，不贵难得之货；学不学，复众人之所过，以辅万物之自然而不敢为"，其中"以辅万物之自然而不敢为"并不是毫无作为，而是有所为有所不为，是合乎客观对象的"不争"之"为"，这就是老子所提到的"天之道，利而不害；圣人之道，为而不争。"自然之道是合理有利的，而不是悖理有害的，告诫人们在实践中不要强自然之所难。

六、"物我齐一，顺物自然"——庄子的天人观

在坚持遵道合德的基本立场基础上，庄子提出了"物我齐一"的天人观。庄子认为："天地与我并生，而万物与我合一。"意思是说无论是类的人、群体的人、亦或个体的人，与无限的宇宙，与有形有限的世界，与天地万物，都可以达到契合无间的理想状态。

以"物我齐一"为前提，庄子提出了顺物自然的天人

观。顺物自然就是说顺应事物本身的存在方式进行实践。从人与自然的关系来看，这种顺物自然就是顺应自然界的存在方式，不是为了人的功利目的来恣意地开发自然。庄子认为，对于一棵大树，与其关心它有没有实际用处，不如使其自然又自在地生长。《庄子·逍遥游》提到"树之于无何有之乡，广莫之野，彷徨乎无为其侧，逍遥乎寝卧其下"，这样的话，"不夭斤斧，物无害者，无所可用，安所困苦哉！"

同样，人们驯养动物也不应该过度使之人化，而是按照其本来的存在方式来驯养。庄子在《庄子外篇·马蹄》中说："马，蹄可以践霜雪，毛可以御风寒，龁草饮水，翘足而陆，此马之真性也。"可见这是对自然生命的自在存在的揭示。但是，人们以不合理的方式治马"饥之，渴之，驰之，骤之，整之，齐之，前有橛饰之患，而后有鞭策之威，而马之死者已过半矣。"因此，人们对待自然生命，驯养动物都必须尊重动物生命的自在存在及其生命本性，而不能无视生命的真性，过度人为，否则这就是"伯乐之罪"了。

只有遵循顺应自然，合乎自然本性的生态实践来处理人与自然的关系，人的生存世界才能"同于大顺"之理。庄子说："物得以生，谓之德；未形者有分，且然无间，谓之命；留动而生物，物成生理，谓之形；形体保神，各有仪则，谓之性。性修反德，德至同于初。同乃虚，虚乃大。合喙鸣；喙鸣合，与天地为合。其合缗缗，若愚若昏，是谓玄德，同乎大顺。"

中国传统思想为当前生态文明建设提供了重要的思想理论资源，但这是在小生产条件下的实践方式。其现实价值的开发在现代社会需要结合现代的工业化生产方式，形成新型工业化过程中新的实践方式，从而实现人与自然的当代和谐。

第二节　西方的人与自然观

两千六百年前，古希腊哲学家普罗泰戈拉提出"人是万物的尺度"命题，在人类历史上首次提出人的主体地位问题。自此后，在处理人与自然关系的问题上，几千年来尤其是近代以来，在西方占主流地位的思想突出强调人的主体地位，片面强调人对自然的统治和征服。其结果导致自然资源的过度开发、利用，生态与环境的破坏日益严重。此种背景下，人们开始反思人与自然的关系，先后出现了人类中心主义、动物权利论或动物解放论、生物中心主义、生态整体主义的理论，力图科学的阐释人与自然的关系，为人类正确处理人与自然的关系提供理论支撑。

一、人类中心主义理论

人类中心主义的实质是："一切以人为中心，或一切以人为尺度，为人的利益服务，一切从人的利益出发。"[①]人是世界的中心和目的，自然的存在是社会财富的源泉，这是支配近代人与自然关系的基本逻辑和主要方式。

20世纪以后，特别是伴随着全球性问题的出现和生态伦理学的发展，人类中心主义改变了传统的理论模式，发生了历史性的转向。以W．H．莫迪、J．帕斯摩尔和H．J．麦克洛斯基等人为代表的现代西方著名人类中心主义生态伦理学者们明确反对"人类统治主义"、"人类政府主义"、"人类沙文主义"，断言造成人类生存困境的根源不在于人类利益本身，而是人类对自然认识上的误区。为了人类的"共同

---

① 余谋昌：《自然价值论》，陕西人民教育出版社2003年版，第34页。

利益"（当代人和后代人的利益），必须尊重自然规律。

在西方的文明传统中，人类中心主义涉及各个方面，"按照西方主流传统，自然界是为人的利益而存在的。上帝让人统治自然界，并不在乎我们如何对待它。人是世界上唯一具有道德重要性的成员，而自然本身没有内在价值，因此对动植物的破坏就不能算是犯罪，除非这种破坏行为危害了人"[①]。在近现代人类中心主义的观念中，人们为了满足人的物质需要而肆意掠夺资源，破坏环境，这种做法天经地义、无可厚非。人类被当作一个整体，社会成为人与人联合起来从事与自然的物质交换的共同体。人的物质产品需要、财富需要已经把对环境的生态需要遮蔽掉了，片面的物质需要成为人的本性，在当代生态危机日益凸显的境遇中，这种人类中心主义日益危害到人类的可持续生存和发展，使得人类的生存和发展丧失了未来。

二、生命平等主义思想

生命平等主义常被称为生物中心主义。生命平等主义认

[①] [美]彼得·辛格：《实践伦理学》，刘莘译，东方出版社2005年版，第263页。

为所有的生命都是道德关怀的对象，敬畏任何生命，认为善的本质就是保持生命，促进生命，使可发展的生命实现其最高价值；恶的本质就是毁灭生命，伤害生命，阻碍生命的发展。

生命平等主义认为，利益平等原则适用于人类共同体，也同样适用于处理人类与其他物种关系的伦理基础。彼得·辛格认为："把（利益）平等原则当作处理我们与自己物种内部其他成员的合理道德基础之后，我们也应该把它当作处理我们与其他物种（即非人类物种）关系的合理道德基础。"处理人与其他非人类物种关系的基本原则是平等原则，这意味着所有的生命种类都具有道德意义。

他们认为所有的生命都是密不可分、休戚与共的。所有的有机体个体都具有平等的内在价值，拥有平等的道德地位。人类有义务尊重和帮助所有的生命，通过发育成长而实现其内在价值，这是任何一个生命的根本权力，它们的这种权利必须得到保护。不伤害、不干涉、诚实和补偿正义是指导和调节人类与其他生命关系的四条基本伦理原则。因此，让所有的生命都欣欣向荣，这是人类的伦理义务。

生命平等主义强调保护动物利益。他们认为，动物对苦乐的感受与人的感知类似，甚至一样，因此，必须把平等原则推广到动物，人们应该尽可能减少其他物种的痛苦；坚持动物生命和人类生命具有同等价值；拒绝取食动物；不拿动物做科学实验；反对皮毛交易、各种形式的狩猎、马戏团、动物竞技、动物园以及宠物业等。

生命平等主义倡导的生活方式是：提倡小家庭，不鼓励大家庭；鼓励节约，杜绝浪费；他们看不惯那些中产阶级把"能够积累大量消费品当作成功的标志"的恶习，提出大力削减不必要的旅行和其他不必要的消费；他们追求简单生活，鼓励从事与环境和谐一致而不是破坏环境的运动和娱乐。

生命平等主义者不弄碎阳光下晶莹闪烁的冰晶，不从树上摘取树叶，揉碎花草，走路时小心翼翼，以防踩死昆虫。他们如果在仲夏夜挑灯工作，那就宁愿关上窗户呼吸闷热的空气，而不愿看见昆虫一个接一个地折翅断足，跌落桌上。

生命平等主义把道德关怀的对象从人类推广到动物和植物等一切非人类生命体，从而实现对人类中心主义的根本颠覆。

三、大地伦理学的观念

随着生态伦理学的发展，生态整体主义逐渐取代生命平等主义，取得了主导的思想地位。20世纪20年代，美国学者奥尔多·利奥波德提出了具有生态整体主义性质的大地伦理学。

利奥波德认为，土地对于人的生存来讲具有基础性和决定性意义，这就意味着人类必须对土地有所担当。他提出大地是一个包含人类成员的共同体，由于每个人都是"一个由各个相互影响的部分组成的共同体的成员"，在此基础上的土地伦理"只是扩大了这个共同体的界限，它包括土壤、水、植物和动物，或者把它们概括起来：土地"。在此前提下，利奥波德提出了大地伦理学："土地伦理是要把人类在共同体中以征服者的面目出现的角色，变成这个共同体中的平等的一员和公民。它暗含着对每个成员的尊敬，也包括对这个共同体本身的尊敬。"①

大地共同体喻示了生态系统的整体，也喻示了人在生态系统中的生存和发展。其中，人的实践不能够仅为了人的利益需要，还必须保持这一共同体的和谐、稳定与美好。人类的实践不能仅仅按照人的意愿，还必须体会到自然物的存在方式，并同时把这种体会融合到实践方式之中。大地伦理学

---

① [美]奥尔多·利奥波德：《沙乡年鉴》，侯文蕙译，吉林人民出版社1997年版，第194页。

又被称之为生态整体主义。

生态整体主义批评了现代伦理观，他们认为现代伦理观仅仅考虑人与人之间的伦理关系，忽视了人与自然之间的伦理关系。其代表人物利奥波德在他的《沙乡年鉴》中进行了这样的表述："迄今还没有一种处理人与土地，以及人与在土地上生长的动物和植物之间的伦理观。土地，就如同俄狄修斯的女奴一样，只是一种财富。人和土地之间的关系，仍然是以经济作为基础的，人们只需要特权，而无需尽任何义务。"他认为现代实践方式把土地和自然仅仅当作财富的来源，人类只需要尽情地掠夺自然资源即可，而无需对自然承担责任和义务。

生态整体主义的核心思想是把生态系统的整体利益作为最高价值，而不是把人类的利益作为最高价值。把是否有利于维持和保护生态系统的完整、和谐、稳定作为衡量一切事物的根本尺度，作为评判人类生活方式、科技进步、经济增长和社会发展的终极标准。生态整体主义既包含了生命平等主义和对生命体的尊重和敬畏，又考虑到了生态系统的整体性和谐。

四、生态学马克思主义

生态学马克思主义是当代西方马克思主义中最有影响的

思潮之一，其回击了西方保护主义对马克思缺乏生态学观念的指责，认为马克思主义具有生态学传统，马克思主义强调保护生态。其著名的代表人物是加拿大学者威廉·莱斯。

威廉·莱斯认为传统的工业发展受到控制自然观念的影响，是控制自然的生产和生活方式，解放自然的生产和生活方式是人类解除对自然的控制，这是合乎生态规律的实践方式。他深刻批判了人类控制自然的生产、生活方式，然后提出了解放自然的方式。控制自然，也可以称为"统治自然"、"把握自然"和"征服自然"，控制自然的方式就是人类不断地改造、征服、统治、占有和战胜自然。这是环境破坏、生态衰退的根源。

莱斯认为，首先，现代科学技术加大了人类控制自然的力量，现代科学技术的工具化和实用理性成为现代生产和生活方式的内在要素，加剧了人类对生态环境的破坏，大范围地威胁了生态平衡，带来了生态灾难。其次，自然的解放是由于人类对自然的控制、统治，已造成自然环境的破坏，自然已经开始反抗人类的统治，只有解除人类的控制，实现自然的解放，才能实现人与自然的和谐共处。

莱斯进一步指出，人类生产和生活方式必须转变，在生产方式中要消除浪费型的生产，转变为节约型的生产；在生活方式中要消除浪费型的消费、过度消费，转变为节制型的生活方式。

第三节　马克思主义的人与自然观

一、人是自然界的产物

马克思认为，人首先是一个自然存在，然后才是一个社会存在。人作为有生命的生物体，是自然统一体中的一部分，是自然界长期进化的结果，马克思指出，"所谓人的肉体生活和精神生活同自然界相联系，不外是说自然界同自身相联系，因为人是自然界的一部分"①。在《1844年经济学哲学手稿》中，马克思不仅明确提出了"自然向人生成"的观点，指出"人是自然界的一部分"，"人是人的自然"，"历史本身是自然史的一部分，即自然界生成为人这一过程中的一个现实部分"。人与自然界是一个统一的整体，人的任何生产、生活行为不仅影响到人类自身，而且影响到自然界。因此，人类在进

---

① 《马克思恩格斯文集》第1卷，人民出版社2009年版，第161页。

行生产、生活行为时必须考虑到它们对自然界的影响。

近现代的生产、生活方式对主体性的强调凸显了人的实践能力，是对人的重视，对人的实践能力的充分肯定。但是自然生态系统的整体性自在运行是不以人的意志为转移的。人在实践中获取物质资料以满足生存和发展的需要时，必须总体上适应自然生态系统的运行，而不是破坏生态系统。这正如恩格斯所说："我们每走一步都要记住：我们绝不像征服者统治异族那样支配自然界，绝不像站在自然界之外的人似的去支配自然界——相反，我们连同我们的肉、血和头脑都是属于自然界和存在于自然界之中的，我们对自然界的整个支配作用，就在于我们比其他一切生物强，能够认识和正确运用自然规律。"①

对生态规律的主体性自觉能够把自然从人类的掠夺、征服、破坏中解救出来，自然不再是与主体相对立的被动客体，人与自然的交互作用在人的本质中获得了依据。这样，人就不能用对自然采取征服性、控制性、掠夺性的生产方式和生活方式，而是采取人与自然平等的态度，用协调发展的方式实现经济社会发展与生态环境保护和建设的一致。

---

① 《马克思恩格斯文集》第9卷，人民出版社2009年版，第560页。

二、人与自然是相互依存的整体

物质变换是自然物在"自然——人——自然"的流程中的双向运动。一方面是自然物向着人的流动，是"客体的主体化"。物质生产是这一流动过程的基本形态，物质生产活动把自在的自然物作为生产实践的对象，通过生产转变其存在形式，利用其物理的、化学的、生物的属性满足人的多种需要，实现其对于人的使用价值，使其进入人们的社会生活领域，成为劳动产品和日常生活的消费品。自然界是整体性的生态系统，生产活动所获得的自然资源和能源是整体自然界的组成部分，生产使得这些组成部分脱离了整体，改变了生态系统。生产活动的改变如果在生态阈值之内，则不会影响到生态系统的整体性平衡，人与自然仍然处于有机统一的状态；而一旦人类的生产变成无限度的掠夺，整体性的生态系统被肢解，那么，生态环境就会遭到严重破坏。

另一方面是人类在消费后的废弃物向自然界的流动。经历了生产、交换之后，物质商品进入人们的消费领域，完成了满足人的需要的消费过程之后，被消费的商品总会直接或间接地转化为各种各样的废弃物。这些废弃物排放意味着自然物从生活消费领域向着自然界的流动，也意味着在区域性的生态系统中添加了新的异样的自然物，如果这种添加能够为区域生态系统所降解，微生态系统所能够容纳或者在生态阀值之内，重新转化为生态系统的组成部分，这种排放对区域的生态系统将不会造成破坏性的影响；而一旦超出环境能够承受的生态阀值，那么就会造成环境污染和生态失衡。科学的生产与消费活动是环境的改变和人的改变的一致。人与自然的物质交换只有在人的物质生活的丰富和发展与自然界的保护和建设的一致中才是科学、合理的。

三、生态规律

生态规律是由一系列相互联系、相互作用的客观规律所组成，它们主要包括：

其一，相互依存和相互制衡的规律。相互依存和相互制约，反映了生物界的协调发展，是构成生物群落的基础。无论在动物、植物和微生物中，或在它们之间，都是普遍存在的，通过"食物"而相互联系与制约的协调关系，也称为"相生相克"规律。具体形式就是食物链和食物网。也就是每一种生物在食物链或者食物网中，都占据一定位置，并具有特定的作用。各生物物种之间相互依赖、彼此制约、协同进化，被食者为捕食者提供生存条件，同时又为捕食者控制；反过来，捕食者又受制于被食者。彼此相生相克，使整个体系（或群落）成为协调的整体。或者说，体系中各个生物个体都建立在一定数量的基础上，即它们的大小和数量都存在着一定的比例关系。生物体间的这种相生相克作用，使生物保持数量上的相对稳定，这是生态平衡的一个重要内容。

其二，物质循环与再生规律。生态系统中，植物、动物、微生物和非生物成分借助能量的不停流动，一方面不断地从自然界摄取物质并合成新的物质；另一方面又随时分解为原来的简单物质，即所谓的"再生"，重新被植物所吸收，进行着不停顿的物质循环。

其三、物质输入输出的动态平衡规律。物质的输入输出规律又称为协调稳定规律，它涉及生物、环境和生态系统三个方面。当一个生态系统不受人类活动干扰时，生物与环境之间的输入与输出是相互对立的关系，生物体进行输入时，环境必然进行输出，反之亦然。生物体一方面从环境摄取物质，另一方面又向环境排放物质以补偿环境的损失（这里的物质输入和输出，包含着量与质两个指标）。也就是说，对于一个稳定的生态系统，无论对生物、对环境还是对整个生态系统，物质的输入与输出总是相平衡的，过多和过少的输入与输出都会造成对生态系统的不良影响。

其四，相互适应与补偿的系统进化规律。生物与环境之间存在着作用与反作用的关系，或者说，生物给环境以影响，反过来环境会影响生物。

其五，环境资源的有效极限规律。任何生态系统中作为生物赖以生存的各种环境资源，在质量、数量、空间和时间等各个方面都有其一定的限度，不能无限制地供给，因而其生物生产力通常都有一个大致的上限。每一个生态系统对任何外来的干扰都具有一定的忍耐极限；当外来干扰超过这一极限时，生态系统就会被损伤、破坏以至于瓦解。如：草场的退化、森林的过度采伐，等等。

四、人类生态学

所谓人类生态学，是在生态学发展的基础上，考察人类与自然环境之间关系的科学。就其生命存在而言，人类是自然生态系统中的一员。同其他物种对于环境的依赖关系一样，人的存在也必须依赖整体性的生态系统的平衡与稳定。

然而，人与其他物种不一样的地方在于人类独有的意识、信仰、文化、劳动等。

作为生态系统的成员，人类始终参与着生态系统能量流动、物质循环和信息传递的代谢过程。人类的活动和行为对生态系统产生了巨大而深远的影响。这些影响既有积极的建设性作用，即推动自然界的进化和发展；也有消极的负面影响，即破坏生态系统的平衡。

人类生态学上所说的"资源"是有特定含义的，它实际是指那些参与人类生态系统能量流、物质流和信息流，从而保证系统的代谢功能得以实现，使系统的稳定有序不断进化升级的种种物质，即自然资源。资源本身也是一种生态系统，它有其特定的生成速率和维持成本，这是不以人的意志为转移的客观规律。因此，人们在经济活动中，必须坚持资源生态系统的整体性，对资源的开发利用与自然环境本身的生成过程、生态价值相联系，充分认识到资源利用的生态成本。从现在起，人类在推进自身文明的过程中，必须有一种觉悟：同环境和谐相处，协调发展，勤于反思，不断更新自己的观念，随时调整和控制自己的行为。

第二章　工业文明并不像想象般美好

第一节　工业文明的由来

一、原工业化的历程

从16世纪到18世纪，在欧洲酝酿和孕育了工业革命的浪潮。工业革命的浪潮不是轰轰烈烈进行的，而是悄悄发生的，它由原工业化开始，中间经过科学革命的推动，最后才在工业中形成革命。

当资本主义作为一种新的生产方式产生的时候，由商业资本和工业资本转化的形式多种多样，但主要集中于采矿业、航运业和棉纺织业。在英格兰纺织业比较突出，而与航运业和采矿业相比，纺织业在行业上又自有其特点：第一，与国民生活息息相关，有广阔的销售市场；第二，它属于轻工业，在技术上要求不高；第三，由于有广阔的市场，资本的周转和积累比较容易。这使得英国资本主义的发展有了其他西欧国家所不具备的特点，即资本主义由工业向农业、由城市向乡村转移，最终对传统农业进行了广泛而深刻的改造。从而为英国经济的起飞即工业化奠定了良好的基础。而在14世纪和15世纪的世纪之交建立和发展起来的"乡村工业"不仅在这种转移过程中发挥了独特的作用，也成为经济起飞即工业化的直接起源。这就是所谓的"原工业化"过程。

在英国发生的"原工业化"过程中，在诸多方面为以后的工业革命准备了条件。首先，毛纺织业的极度繁荣直接刺激了"圈地运动"的扩大，因为毛纺织业的发展是以羊毛为基本原料的，它促使许多商人和乡绅圈占公有土地和农民土地以便于开办牧场。而"圈地运动"的扩大造成了一批又一批的农民破产，也就为工业革命的发展提供了劳动力的来源；其次，在原工业化时期，毛纺织业依赖于城镇商业资本，使商业资本找到了大规模地转化为产业资本的经济形式，而且使商业资本成为家庭工业与外地市场，特别是海外市场之间的桥梁，促进了传统乡村工业的转型，即商品化；再次，在原工业化过程中，随着大批传统的乡村工业转型，即商品化，家庭工业的创立者和劳动者日益与土地和农业分离，并不得不经常地从市场上获取他们必需的粮食和生活原料，这就促使越来越多的农场主转入商品生产。最后，在原工业化初期，家庭工业的生产者本是以务农为主的，但随着家庭工业的商品化和扩大化，家庭成员中的分工和专业化日益增强，以至于最终完全放弃农业生产，转向专门从事工业生产。所有的这些都是进一步工业化的必要条件。

二、科学革命

正当原工业化在英国如火如荼展开的时候，一场不肆声张但影响深远的科学革命发生了。这场科学革命始于1543年出版的哥白尼的《天体运行论》，而止于1687年出版的牛顿的《自然哲学的数学原理》。

16世纪和17世纪，在欧洲出现了一批着眼于实验而形成独特逻辑的思想家，比如F.培根。在这个时期，科学在实践中取得的进展层出不穷。哥白尼的地动学说对托勒密体系发起挑战；伽桑迪强调实用主义，笛卡儿提出"笼统的怀疑"并导致了空间的几何化；伽利略在阿基米德的基础上，把实验与数学结合起来，形成了崭新的数学化科学。此外还有波义耳的粒子论、笛卡儿的机械论的生命观和牛顿、莱布尼茨发明的微积分。这次科学革命在世界观和方法论上都取得了历史性突破。其中最重要的就是牛顿提出的以三大运动定律为标志的经典力学。之后，人们开始用牛顿力学来解释自然现象，并利用这些成果从事机械的发明和创造。由此产生了人类社会上的机器文明与产业革命。

三、工业革命

工业革命首先在英国发起，英国的工业革命首先是一场技术革命，它首先发生于棉纺织业领域。早在1773年，机械工约翰·凯伊就发明了飞梭，飞梭靠的是两个吊在横杆上的木槌敲打梭子来回沿滑槽跑动，使织布效率提高了两倍。织布工兼木匠詹姆斯·哈格里夫斯于1764年发明能同时纺出8根纱线的纺纱机，并用其女儿的名字命名为"珍妮纺纱机"。1769年，水力推动的纺纱机问世，并于1771年建立了英国第一座水力纱厂。1785年，埃德蒙·卡特莱特发明了水力织布机，把织布的速度提高至40倍。这样，从纺到织的整个流程都已建立在机器生产的基础上，但因为要受到自然条件的限制，在没有水力的地方就无法推广。此问题是在蒸汽机发明之后才得以解决的。

蒸汽机的发明得益于纽可门和詹姆斯·瓦特两人。托马斯·纽可门在1706年发明了一种蒸汽机，但效率不高。瓦特对其进行改进，提高了整体的工作效率。蒸汽机把热能转化为机械能，是动力方面的一次巨大变革，它的发明和使用标志着工业革命时代的真正到来。1785年蒸汽机开始用于棉纺织业，1789年又开始应用于织布业，19世纪已在采矿、冶金和航运等领域广泛采用，因此这个时代得名"蒸汽时代"。

技术革命是生产力的革命，它最终将体现在劳动生产率上。自18世纪中叶英国发生工业革命之后大约一个世纪，分布在大西洋两岸的比利时、荷兰、法国和美国等国几乎同时开展工业革命并取得成功，从而使"工业世界"以英国为中心在西方初步形成。

第二节　工业文明的功绩

一、经济方面

工业革命实现了生产方式的革命性变革，是世界近代史上继资产阶级革命之后又一次世界性的革命，它改变了农业文明时期的人与自然的关系，实现了生产方式的根本性变革，奠定了真正意义上的资本主义社会的生产基础。

它提供了治理和利用热能，为机械供给推动力的手段，结束了人类对畜力、风力和水力的依赖，极大地提高了劳动生产率，使社会创造物质财富的能力大大提高，使资本主义从早期的工场手工业过渡到近代机器大工业阶段。马克思、恩格斯在《共产党宣言》中对此曾给予高度评价，认为正是由于工业革命，蒸汽为动力的机器的广泛使用，使得"资产阶级在它不到一百年的阶级统治中所创造的生产力，比过去一切世代创造的全部生产力还要多，还要大。自然力的征服，机器的采用，整个大陆的开垦，河川的通航，仿佛用法术从地下呼唤出来的大量人口"[1]。

二、社会方面

首先是人口的迅速增长。"以英国为例，1801年仅为1 050万，1821年上升至2 080万，1911年达4 522万。"[2]19

---

[1]《马克思恩格斯文集》第2卷，人民出版社2009年版，第36页。
[2] 何顺果：《人类文明的历程》，高等教育出版社2000年版，第303页。

世纪欧洲人口发展呈现出三个特点：一是人口增加在两倍以上，估计1800年为1.75亿，到1892年大约已经达到3.27亿。人口增加的基本原因是生产力的提高，天灾人祸的减少、医疗卫生条件的改善以及自然资源的开发。二是城镇人口比重增加很快，英国是典型。19世纪初期其城镇人口只占全国总人口数的25%，19世纪中叶就达到一半，到19世纪末提高到3/4。都市化的发展主要是工业革命的结果。工厂制度的确立引发了人口从农村向城市的转移。三是大量的海外移民。其中从欧洲迁出的人口明显增加，19世纪中期平均每年达20万人。"据统计，从19世纪初期到1914年，从欧洲迁出的总人口达5 000万"，而目的地主要是美国，因为美国有大量的"自由土地"供移民开发。

其次是劳资问题的出现。工厂制度建立之后，形成了产业资本家和产业工人两个阶级，其社会角色的划分也日益明显。更重要的是，随着大机器的发明和应用以及工厂制度的建立和完善，生产规模呈现出不断扩大的趋势，因为资本只有和大工业一起才能获得充分的发展，从而积累下雄厚的财力。这时，工人除替别人劳动换取工资外，完全被排斥于管理生产、调节资本与利润分配等活动之外，在这种情况下，劳资两级之利益冲突便有了日趋尖锐的形势，因而形成"劳资问题"。

再次就是社会主义的出现。有人把"社会主义"的兴起追溯到1516年托马斯·莫尔所著的《乌托邦》。但真正意义的社会主义是和工业革命联系在一起的，也就是18世纪末19世纪初才真正出现的。1827年，在欧文主义者的《合作杂志》上，才第一次正式使用"社会主义者"一词。从中不难看出，"社会主义"和"社会主义者"最初都是社会改良运动的产物。从语言学上看，这两个词都是从"社会的"这一形容词演化而来的，前者多指有关"社会"的学说，后者则指信奉这种学说的信徒；同时"社会的"一词，其含义是和"个人的"相对立。因此，"社会主义者"指的是这样一群人：他们反对过去那种强调个人权利的见解，而注重人类关系中的社会因素，并力图使"问题"在人权大辩论中得到关注，获得解决。这正是社会主义思潮在当时的基本含义。

三、政治方面

首先是确立了私有财产权神圣不可侵犯的原则。私有财产神圣不可侵犯并被视为至高无上的原则加以确立，是在近代尤其是资本主义制度确立之后，也就是工业革命开始之后才有的。

其次是一系列新的商业政策的实施。诸如奖励发明，设置专利，制定版权，鼓励移民，进行补贴等都是发展工商业的重要举措。在工业革命之后，工业资本已经把自己变成"世界的工厂"，这时他们需要广阔和自由出入的市场，在这种情况之下，符合"自由贸易"原则的商业政策就出台了。

最后是劳工立法的确立。为了解决劳资问题，在工业革命中，各国开始编订劳工立法，以处理由工业革命引发的大量"社会问题"，包括健康、工伤、教育、劳动等问题。

第三节　工业文明的副产品

一、资本主义生产的代价

工业文明使资本主义生产由手工生产演变成机器大生产。尽管资本主义机器大生产创造了前所未有的巨额财富，但是，这种创造是通过自然的掠夺而实现的。"资本主义生产使得它汇集在较大中心的城市人口越来越占优势，这样一来，它一方面聚集着社会的历史动力，另一方面又破坏着人和土地之间的物质变换，这就是使人以衣食形式消费掉的土地的组成部分不能回归土地，从而破坏土地持久肥力的永恒的自然条件。"[①]

资本主义生产的发展，导致了"现代的灾难"。现代的灾难形成于资本的超越性扩展能力。马克思指出："资本一旦合并了形成财富的两个原始要素——劳动力和土地，它便获得了一种扩张的能力，这种能力使得资本能把它的积累要素扩展到超出似乎是由它本身的大小所能确立的范围，即超出由体现资本存在的，已经生产的生产资料的价值和数量所确定的范围。"

生产方式，尤其是生产工具的革命性变革体现了生产力发展水平的巨大飞跃，随着人类征服自然、改造自然能力的提高，尤其是新的科学技术不断转化为新的社会生产力，自然生态所遭受的破坏也日益剧增。而且，工业化社会的伴生物就是城市化的迅速发展。密集的人口和工业企业增加了对自然资源和能源的消费，地区生态环境的破坏又漫延到整

①《马克思恩格斯文集》第5卷，人民出版社2009年版，第579页。

个世界。自从工业革命以来，在人类的社会化生产中，正如埃尔文·托夫勒所说，随着生产力的不断迅速提高，煤、石油、天然气等不可再生的化石燃料、自然资源的使用"意味着人类文明开始吃自然界的'老本'，而不只是吃自然界的'利息'了"[1]。因此，必须实现以生产方式为主导的人对自然的实践方式的根本转变，在当代社会发展和人类生存中，这种实践方式的转向是沿着生态化的方向展开的。现代大生产即打破了实践方式的自然性和狭隘性的边界，也打破了自然界的动态平衡，从而导致了生态系统的颠覆和毁灭。

二、自然的人化走向反面——反人化的自然

生态自然本来是人的生存家园，然而，工业文明所造就的生产方式和生活方式却导致生存家园的颠覆。自然资源、物质资料的生产是人类社会形成和发展的基础。生产方式与人类社会文明紧密相连。

人类形成之后，出现采集和狩猎经济，之后出现农业经济以及与之相伴的手工业，近代工业革命之后，工业生产迅

---

① [美]阿尔温·托夫勒：《第三次浪潮》，朱志炎等译，三联书店1983年版，第69页。

速发展，机器延伸了人的肢体，扩大了人的活动空间，并造成了人对自然的强大改造能力。工业革命是人类实践在世界历史上的一个崭新起点，此后的人类实践能力迅速提高，人对自然改造利用的能力突飞猛进，无论在深度上还是在广度上，人的活动几乎遍及自然生态系统的每一个角落。自然的人化程度随着人的实践能力的提高不断扩大。在工业经济时期，经济形态与资源环境之间的矛盾愈显白热化。因此，现代生产方式和生活方式在一定程度上实现了物质生产的极大发展，突出了人较之于自然的主体性地位，奠定了社会发展的财富之基，但是也从根本上产生了相应的生态问题，导致了发展过程中的难以克服的人与自然之间的尖锐对立。

对世界的改变，是人的有目的的行为，但是，不合理的现代实践方式带来了人为的生态破坏，这种生态破坏的直接结果就是形成了自然的反人化。在这里，自然的反人化恰恰由于人们不合理的现代实践方式缺乏负反馈机制导致反自然性所造成的。在现代生产极大发展的基础上，人们的发展观念和发展实践就是创造尽可能多的物质财富，以满足人的生存和发展需要，而不顾及自然生态的自在运行，忽略了自然的内在价值。为了农业增产，人们大量使用化学药品；为了工业生产利润的提高，人们大量消耗化石能源；为了奢侈消费，人们四处寻珍猎奇。接着，空气污染、水污染、垃圾污染、能源与原材料匮乏、替代品难觅等问题日益显化。这些已经阻碍和破坏了人类社会的发展和进步。人类在追求自我发展中已经受到了自然界的"报复"，自然界以它自己的方式把人类对它的破坏还给了人类自身。人类在追求发展的同时，也在破坏自身发展赖以存在的生态环境。

在现代生产方式体系内，人们的生存和发展总会导致生态环境的破坏。因此，必须在提高生产力的同时注重生产方式的改进。在《我们共同的未来》中，世界环境与发展委员会指出："贫穷本身污染环境，以不同的方式制造出环境压力，那些贫穷的人们为了生存，往往破坏他们附近的环境：他们砍伐森林，他们在草原上过度放牧，他们过度使用贫瘠的土地……这些变化的累积性影响是如此深远，以致使贫困成为一个世界性的重大灾难。另一方面，在那些经济发展带来生活水平提高的地方，这种发展优势是通过采用从长远来说造成全球性破坏的方式而取得的。"[1]在现代生产方式中，

---

① 世界环境与发展委员会：《我们共同的未来》，王之佳等译，吉林人民出版社1997年版，第33页。

自然界的资源、能源和环境不能够在生产过程中得到合理的保护。现代生产方式不仅具有较高的原料和能源消耗量，同时也给环境造成大量的污染。解决贫穷问题只能依靠生产力的发展，但是现代生产方式无视生态系统的自在规律，或者采用先发展后治理的发展方式，把社会经济发展与生态环境保护从时间上分开，这已经不能满足人类对良好的生态环境的需要，因此寻求可持续发展的必然要求之一就是尊重保护发展的生态基础的义务的生产体系。

社会的物质生产活动是人类从自然界获取自然资源的基本实践方式。这种生产活动在社会发展的层面上往往被赋予经济增长的光环，然而，经济增长的数据却难以掩盖现代生产方式的极限化的环境代价。每一种生产方式都是和自然的一种物质交换，生产方式的不完善意味着经济增长方式实践根源随着这种物质变化的频率和速度的加快而导致生态环境的失衡。

反人化的自然是自然的人化对原生态自然造成的破坏性结果，这反过来影响到人的生存和发展。自然的反人化是自然生态系统遭到人的破坏之后所形成的不适宜人的生存和居住的生态环境对人的负面影响过程。恩格斯曾经指出："我们不要过分陶醉于我们人类对自然界的胜利，对于每一次这样的胜利，自然界都会对我们进行报复。每一次胜利，起初我们确实取得了预期的结果，但是往后和再往后却发生完全不同的、出乎预料的影响，常常把最初的结果又消除了。"

第四节　科学技术是把双刃剑

一、资本主义条件下的科技异化

从自然出发的科学技术不仅揭示了自然的本质和规律，还在于人改变自然的过程中不断形成的价值取向。马克思指出，"自然科学通过工业日益在实践上进入人的生活，改造人的生活，并为人的解放做准备，尽管它不得不直接地使非人化充分发展，工业是自然界对人，因而也是自然科学对人的现实的历史关系……因此，自然科学将抛弃它的抽象物质的方向，或者更确切地说，是抛弃唯心主义方向，从而成为人的科学的基础，正像它现在已经——尽管以异化的形式——成了真正人的生活的基础一样；说生活还有别的什么基础，科学还有别的什么基础——这根本就是谎言……如果没有工业和商业，哪里会有自然科学呢？甚至这个'纯粹的'自然科学也只是由于商业和工业，由于人们的感性活动才达到自己的目的和获得自己的材料的"[①]。

随着工业化生产的现代发展，大工业使自然科学从属于资本生产。由于现代工业本身所具有的异化特质，自然科学的工业化应用导致了科学的异化。科学所揭示出来的自然规律被应用到资本主义生产方式之中，成为资本价值增值的工具，为资本更大程度地掠夺自然提供技术帮助。知识形态的科学需要转化为技术，应用到生产过程中才能转化为生产力。这种转化和应用，一方面对于社会发展能力来说具有进步性质；另一方面，由于技术的生产化应用是从属于生产的性质和目的本身的，因此现代技术具有掠夺性质。

马克思提出了现代技术的进步性质，他从大工业的发展推动现代的社会发展的基本观点出发，提出："大工业的原则是，首先不管人的手怎样，把每一个生产过程本身分解为各个构成要素，从而创立了工艺学这门完全现代的科学。社会生产过程是五光十色的、似无联系的和已经固定化的形态，分解成为自然科学的自觉按照计划的和为取得预期有用

---

① 《马克思恩格斯文集》第1卷，人民出版社2009年版，第529页。

效果而系统分类的应用。工艺学也揭示了为数不多的重大的基本运动形式，尽管所使用的工具多种多样，人体的一切生产活动必然在这些形式中进行，正像机器虽然异常复杂，力学仍会看出它们不过是简单机械力的不断重复一样。现代工业从来不把某一生产过程和现存形式看成和当作最后的形式。因此，现代工业的技术基础是革命的，而所有以往的生产方式的技术基础本质上都是保守的"。

在资本主义生产方式条件下，技术转变成掠夺的技巧，技术的掠夺是对生产中资料和劳动者的掠夺，这不仅是"掠夺劳动者的技巧"，而且是"掠夺土地的技巧"。这种掠夺性的技术既是劳动者的灾难，同时又是自然的灾难。技术作为劳动者的灾难，正如1856年4月14日，马克思在《人民报》创刊纪念会上所讲，"在我们这个时代，每一种事物好像都包含有自己的反面……技术的胜利，似乎是以道德的败坏为代价换来的……甚至科学的纯洁光辉仿佛也只能在愚昧无知的黑暗背景上闪耀。我们的一切发明和进步，似乎如果是使物质力量成为有智慧的生命，而人的生命则化为愚钝的物质力量"。作为自然的灾难，技术推动了资本主义生产方式对自然资源的掠夺和对自然环境的破坏，这导致的结果就是人类对自然界的胜利和自然界对人类的报复。

二、对科学技术的反思

随着科学技术的迅猛发展及其水平的不断提高，科学技术的现代应用备受人们责难。科学技术不仅延伸了人的四肢和大脑，还造成了现代风险和人对科技的依赖。科技风险意味着科学技术所打造的现代世界充满着新的不确定性以及不确定的危险。人对科技的依赖意味着一旦离开了科学技术，人们就觉得生产和生活无以为继。另外，科学技术的现代应用还造成了环境问题，如核科学和核技术能够建造核电站，但是切尔诺贝利和福岛核电站的核泄漏却造成了严重的生态问题。

有人把生态问题的出现归结为技术的应用，而不是科学技术本身。这种观点认为，对技术的结果批评不是针对技术的方式和方法，不是针对技术本身，而是针对着它的应用。因此对技术的政治批评和浪漫主义批评不同，对技术的结果批评并不要求疏远技术，甚至于放弃技术，而是要求一种比较慎重的运用。

威廉·莱斯在对人类控制自然的观念做出历史的考察之

后指出："任何对控制自然的观念的考察都必须面对几个世纪以来对这一观念的共同理解：人征服自然是通过科学和技术手段实现的。"[①]科学和技术在人对自然的控制中扮演了导致生态破坏的反面角色。塞尔日·莫斯科维奇则批判了科学的世俗化，认为"在科学—神教大权独揽的统治之下，理性成为自然的法则"[②]。由此看来，科学技术不是神，它不是万能的，更不是完美无缺的。在人类与大自然进行物质和能量交换，进行物质生产、满足人类生存和发展需要的过程中，对科学技术的运用应有个合理的度。如果滥用技术，对大自然疯狂掠夺、任意排放，必然会导致大自然对人类报复。

[①] [加]威廉·莱斯：《自然的控制》，岳长龄、李建华译，重庆出版社1993年版，第91页。

[②] [法]塞尔日·莫斯科维奇：《还自然之魅》，庄晨燕、邱寅晨译，三联书店2005年版，第5页。

第三章　人类只有一个地球

第一节　当今世界的人口现状

当今世界，人口问题已成为令全球最关注的一个重要问题，人口问题对世界各国的社会经济发展产生着越来越重要的影响。最新统计表明，2013年世界人口已达到70亿，据预测到2028年世界人口将达到80亿，到了2054年将达到90亿。

一、世界人口增长

在一千年前，中国的人口只有1 600万，西欧加上南欧的人口也才约2 700万，据估计全球人口约6 000万。进入20世纪，人类开始进入有史以来人口增长最快的时期。目前，世界每增加10亿人口的时间仅需12年，在20世纪后半叶，世界人口数量激增，年平均增长率近2%。现在，世界人口仍然在继续增长，每年新增人口7 800万，其中95%的新增人口出生在发展中国家。世界人口增长过快的主要原因：一是死亡率下降，特别是公共卫生、营养等状况的改善；二是出生率居高不下。

二、世界人口出生率

19世纪以前，世界人口的出生率变化不大，各地区间的人口出生率差别也不大。欧洲国家的工业化开始，资本主义在欧洲迅速发展，到19世纪中后期，西欧及北欧一些国家的人口出生率开始下降，进而扩展到北美、东南欧地区。到20世纪50年代，发达国家出生率一度有较明显的回升，出现了"婴儿出生高潮期"，但进入60年代后，发达国家的人口出生率直线下降，相当多的国家的出生率都下降到人口更替水平以下。

而同期，发展中国家的人口出生率仍保持着原有的出生水平，直到20世纪70年代后，发展中国家的出生率才出现变化。部分发展中国家，如中国、韩国等东亚国家以及一些东南亚国家实行计划生育政策后，人口出生率大幅下降，其中部分国家的出生率已低于替更水平，而西亚、非洲等相当部分国家仍保持着较高的人口出生率。

三、世界人口的平均寿命

在欧洲资本主义兴起以前，世界各地区的人口平均寿命都很短，19世纪中叶，欧洲的人口平均寿命超过了40岁。根据英国、法国、丹麦、挪威、荷兰、瑞典、美国等国的资料显示，这些国家的人口从1840年的平均41岁提高到1940年的64.6岁，平均每10年增长2.36岁。到20世纪末，发达国家人口的男女平均预期寿命分别达到71.1岁和78.7岁。发展中国家过去在殖民统治和封建统治下，社会生产力低下，人口平均寿命提高得十分缓慢。自20世纪50年代起，随着殖民统治和封建制度的崩溃，社会生产力的发展，医疗卫生条件的改善，发展中国家的人口平均寿命有了迅速提高。

自19世纪，特别是到20世纪中期后，世界人口平均寿命有了大幅度提高，但同时，不同国家及地区间人口的平均寿命差距也明显地拉大，发达地区人口的男女平均预期寿命比最不发达地区的分别高出21.5岁和26.9岁。

四、世界人口的性别比

从全球来讲，男女两性的比例基本处于平衡状态。据联合国估计：在发达国家，女性多于男性，妇女占人口的51.39%，性别比为94.5；在发展中国家，男性多于女性，妇女占人口的49.18%，性别比为103.3。

发达国家和发展中国家性别比差别的直接原因是人口年龄结构不同。当前，世界人口的普遍状况是：第一，14岁以下的儿童少年人口中男性多于女性，这主要是出生婴儿性别比是男多于女，除了非洲撒哈拉以南是女多于男外，这个年龄组的性别比一般都在104—107之间；第二，15—64岁的劳动年龄人口组男女两性人数大体接近；第三，65岁以上人口普遍是女多于男，只有印度等个别国家是例外。南亚是世界上性别比最高的地区，而俄罗斯地区、德国等的性别比则是最低的国家。

五、世界人口的年龄结构

世界人口的年龄结构在相当漫长的时期里都没有多大变化，直到近代，特别是18世纪工业文明出现，欧洲国家的平均寿命延长后，才开始有了较明显的改变。据西方人口学家估计，从原始社会直到资本主义初期，人类的年龄结构平均大致是14岁及以下人口在36.2%—37.8%之间变动，15—64岁的人口在60.9%—58.8%之间变动，65岁以上人口仅占2.9%—3.4%。

第二节　当今世界的资源现状

随着人类社会的不断进步与发展，世界人口不断增加，自然资源作为人类生存与发展的物质基础的地位就愈加明显。那么什么是自然资源呢？简单地说，就是指人类可以直接从自然界获得，并用于生产和生活的物质和能量。凡是自然资源都必须同时具有自然属性和经济属性，二者缺一不可。自然属性是指自然资源可直接从自然界中获得，经济属性是指自然资源能够用于生产和生活。自然资源对经济和社会发展有重要的支撑作用，是经济和社会持续健康快速发展的基本保障。同时，它也具有重要的约束作用，其承载能力反过来制约经济和社会发展速度、结构和方式。

自然资源具有分布的不平衡性，其数量或质量上的地域差异性明显。随着人类社会不断发展的需要，对自然资源开发利用的强度越来越大，自然资源问题也随之产生。

一、水资源

地球上的水资源，从广义上来说是指水圈内的水量总体。由于海水难以直接利用，因而水资源主要指陆地上的淡水资源。事实上，陆地上的淡水资源总量只占地球上水体总量的2.53％，主要分布在南北两极地区的固体冰川。虽然科学家们正在研究冰川的利用方法，但在目前技术条件下还无法大规模利用。除此之外，地下水的淡水储量也很大，但绝大部分是深层地下水，开采利用的也很少。人类目前比较容易利用的淡水资源，主要是河流水、淡水湖泊水以及浅层地下水。这些淡水储量只占全部淡水的0.3％，占全球总水量的十万分之七，即全球真正有效利用的淡水资源每年约有9 000立方千米。而陆地上这有限的淡水资源在空间上分布又是不均衡的。

地球上的水资源有97％被盐化，仅有3％可直接利用的淡水资源。在这些淡水中又有2/3为冰川和积雪，1/3存在于含水层、潮湿的土壤和空气中。就是这有限的淡水，分布又极不均衡。世界每年约有65％的水资源集中在不到10个国家中，而占世界总人口40％的80个国家却严重缺水。而随着经济的发展，水质污染也日趋严重，21世纪水资源正在变成一种宝贵的稀缺资源，水资源问题已不仅仅是资源问题，更成为关系到国家经济、社会可持续发展和长治久安的重大问题。

二、土地资源

目前，全世界沙漠面积约有3 140万平方千米，约占全球陆地总面积的21％。具体地说，在北半球有北非的撒哈拉沙漠、西亚的阿拉伯沙漠、印度西北部的塔尔沙漠等。其中撒哈拉沙漠面积900多万平方千米，为世界上最大的沙漠。在南半球有澳大利亚大沙沙漠、吉布森沙漠、维多利亚大沙漠、智利北部阿塔卡马沙漠、南部非洲的卡拉哈里沙漠和纳米布沙漠，几乎世界各地均有沙漠分布。沙漠面积已占陆地总面积的10％，还有43％的土地正面临沙漠化的威胁。

绝大多数发展中国家城市建设用地总量失控，结构失衡，浪费土地的现象严重。经济高速发展，城市化、工业化导致建设用地过快增长，城乡建设和生产建设规模不断扩大，耕地数量急剧减少。加之环境污染和污水灌溉，更加导致土地资源的污染和破坏。

三、矿产资源

世界矿产资源总体来说空间分布不均衡，主要表现在区域分布和国家间分布的不均衡。煤炭储量国家间分布的不均衡性更是有过之而无不及。美国、俄罗斯、中国、印度、澳大利亚和南非6个国家煤炭储量占世界已探明储量的78%。开采方面，中国煤产量19.56亿吨，居世界第一位，且增长量占世界煤炭增长量的63.3%；美国煤产量为10.43亿吨，居世界第二位；超过亿吨的9个主要煤炭大国占世界煤炭产量总量的80.1%。世界铁矿资源非常丰富，铁矿石资源总量估计超过8 000亿吨，含铁量超过2 300亿吨。巴西、澳大利亚、中国是世界铁矿资源大国。铁矿石开采方面，世界铁矿石产量11.90亿吨，按成品矿计算，世界十大铁矿石生产国依次为巴西、澳大利亚、中国、印度、俄罗斯、乌克兰、美国、南非、加拿大和瑞典，10个国家铁矿石产量合计10.79亿吨，占世界铁矿石总产量的90.7%。

世界有色金属的分布情况，在这里主要介绍铜、铝、金的储量。这三种矿产资源具体来讲，近年来的变化不大，世界铜储量4.7亿吨，基础储量为9.4亿万吨。铝土矿储量250亿吨，基础储量320亿吨。黄金储量为4.2万吨，基础储量为9万吨，占26.1%，俄罗斯1 570.1亿吨，占16.6%；中国1 145亿吨，占12.1%，其极端不均衡性的特征不言而喻。

第三节　当今世界的环境现状

一、大气

1900年至1985年间，全球SO_2的年排放量增加6倍，氮氧化物增加10倍，大气中CO_2含量增加25%。1990年全世界农药销售额达到500亿美元，是1975年的10倍，由此而带来的一系列恶果是可想而知的。

越来越多的国家采取了各种机制和行动，一些大气问题已经得到了有效控制和解决，并且收益远远超过了成本。如通过《蒙特利尔议定书》在保护高层大气中的臭氧目标方面取得重大进展，臭氧消耗物质的生产和使用均已大幅减少，中纬度臭氧消耗物质指标自1994年以来改善了31%，仅仅出生于美国的人口中，就可以避免2 200万例白内障患儿。可见保护大气层不被破坏具有非常重要的意义。其他大气问题的进展有好有坏。对低层大气中的臭氧污染问题仍然难以解决。非洲、亚洲和拉丁美洲部分地区的城市颗粒物浓度仍远远超出国际指导准则。改进空气质量信息发布方式，将有助于提高人们对这一问题的认识。

避免气候变化的不利影响这一国际商定目标是目前最为严峻的挑战之一。鉴于降低消费与生产之中碳密度方面所取得的进展及消费水平的提高，实现《联合国气候变化框架公约》规定的减少全球温室气体排放已将全球平均温度的上升幅度控制在高出工业化前水平2℃以下这一目标，这不仅需要各国履行现有承诺，还需要实现向全球低碳经济的根本转变。此外，必须在制定与实施气候变化国家行动计划方面取得进展，应采取配套行动解决一些既是污染物同时又使地球变暖的因素，如黑炭、甲烷和对流层臭氧，以更节约的方式在短期之内降低温度上升的速度，同时减轻人类健康和粮食生产所面临的风险。

二、土地

近年来，土地资源所承受的压力不断增加。由于不正当的利益驱动，仅滥砍乱伐和森林退化就很可能给全球经济造成比2008年金融危机更大的损失。改善土地资源状况并改进可持续的土地管理制度以防止土地退化，这个问题已越来越受到人们的重视并被视为一项重要目标。例如为了减少对热带雨林的破坏，亚马逊河流域相关的国家近几年来纷纷行动起来，在森林监测、土地使用权、执法等问题上推行新政策、新举措，大大降低了森林砍伐率。一些国家推出的森林和农林制度，以及为减少将土地改作他用而付出的各种努力，可以在一定程度上保持和增加陆地碳储量并有助于保护和可持续利用生物多样性。妥善的森林管理应该包括退化林的自然再生与重新造林，与此同时采用各种补偿造林的综合机制并推行混农林业，对林地转非林地用途进行规范管理。

不过，总体而言，挑战是严峻的，而成就相对寥寥。森林丧失率，尤其是热带森林丧失率，仍然高得惊人。迅速增长的人口、经济发展和全球市场，提高了对粮食、牲畜饲料、能源、原材料的需求，共同加剧了土地所承受的压力，正在引起土地用途转变、土地退化、土壤侵蚀，并对各类自然保护区造成压力。土地使用决策往往认识不到生态系统服务的非市场价值，且往往忽视生产力的生物物理限制，包括气候变化给肥沃地区造成的额外压力。许多目的在于保护生态系统的干预措施也未能充分吸引当地居民、当地社区和相关部门参与，未能考虑到当地的价值观念。此外，保护与发展相结合的方法并不总能与当地的土地使用法规轻易调和。

尽管如此，创建可持续的土地管理制度的可能性依然存在，如当前一些最为活跃的生态系统服务付费以及因地制宜的综合管理。但需要解决数据与监测工作严重不足、土地问题国际目标不明确等问题。

三、淡水

全球水消费总量的92%与农业有关。仅靠现有技术，可将灌溉效率提高大约1/3。预防和减少点源和面源污染也有助于增加水资源的可利用量。尽管过去的20年间在水资源综合管理方面已取得重大进展，但供水和用水压力的总体增长速度仍需要通过改善用水管理加以适应。世界有26亿人口仍然缺乏基本的卫生设施，这与"千年发展目标"中获得安全饮用水和获得基本卫生设施的要求还有相当大的差距。许多地区已达到或超出了水资源可持续发展的限度，水需求仍持续增高，与水有关的压力和冲突正在迅速升级。过去50年间，全球水资源抽取量增加了3倍；地下蓄水层、流域和湿地风险日增，但监测与管理却往往不力。1960年到2000年之间，全球地下水储量的减少率增加了两倍。80%的世界人口目前生活在水安全面临高度危险的地区，发展中国家的34亿人口承受着最严重的水安全威胁。在全球，预计至2015年仍有大约8亿人口无法获得改善的水供应。在许多国家，对水资源综合管理和可持续发展至关重要的水文、水资源可利用量及水质方面的数据收集、监测和评估工作仍然缺乏，必须进行改进。

水、能源、社会经济发展以及气候变化在根本上是联系在一起的。传统能源生产导致的温室气体排放增多和气候变化，也是水资源短缺、洪水和干旱等极端气候事件、海平面上升、以及冰川和极地海冰流失的重要原因。为了应对气候变化，人们采取了一系列举措，也可能对水环境产生影响。如水电工程在部分程度上导致水系分割，而某些太阳能基础设施建设则要耗费大量的水。随着缺水问题加剧，某些地区将被迫更多地依赖雨水收集和流域管理；咸水淡化也可能对解决水危机会有所帮助，但尚需大量的能源、财政和人力资源投入以及技术援助。

四、海洋

在保护海洋资源以及海洋环境问题上，各国已订立了若干全球性、区域性和次区域性公约、议定书和协定，以保护海洋环境免受污染，支持综合、可持续地利用海洋和沿海资源，和以生态系统为基础的水资源管理。尽管如此，海洋退化迹象仍持续不绝。自1990年以来，富营养化沿海地区的数量已显著上升，全球至少有415个沿海地区已表现出严重的富营养化现象，而其中只有13个正在恢复。海洋垃圾、海洋酸化现象也较为突出。得到保护的海洋面积不到总面积的1.5%，这与《生物多样性公约》要求到2020年前达到10%的目标还有差距。沿海地区和海洋资源的可持续管理，包括建立海洋保护区，还需要采取国家行动，需要各国有效地协调与合作。

五、生物多样性

各国已经建成的各类自然保护区现已覆盖将近13%的全球土地总面积，当地土著社区和当地社区所管理的区域成效获得了人们越来越多的认可。尽管如此，一些自然保护区的保护工作依然存在着许多问题，如需要在各保护区之间建立生物走廊以避免各保护区彼此隔绝。各国对已经制定的各种保护性政策、规章以及已经采取的行动，包括减少生态环境丧失、土地转用、污染负荷，以及濒危物种的非法贸易，以及鼓励物种恢复、可持续采收、生态环境恢复以及防止外来入侵物种管理等应继续坚持。尽管如此，物种的大量、持续丧失还是在部分程度上加剧了生态系统的恶化。某些类别中高达2/3的物种面临着灭绝的威胁；自1970年以来，脊椎动物种群已减少了30%；某些自然生态环境减少了20%。由不可持续的农业和基础设施开发、不可持续的开采利用、污染以及外来物种入侵所引起的生态环境丧失与退化，加上气候变化的深远影响，仍然是陆地和水生生物多样性所面临的主要威胁。上述种种均减少了生态系统服务，进而可能威胁粮食安全，危及贫困的减少和人类健康与福祉的改善。

六、化学品和废弃物

化学工业是工业文明的产物之一，同时也是对生态、环境造成破坏的主要元凶之一。目前在市场销售的化学品有大约24.8万种，这众多的化学品是农业生产、病虫害控制、工业制造、尖端技术、医药和电子等领域的基础，同时某些化学品内在的危险特性给环境和人类健康带来了风险，如运用不当，其代价是巨大的。化学品和废物管理目前是通过《巴塞尔公约》、《鹿特丹公约》和《斯德哥尔摩公约》、《国际化学品管理战略方针》等区域性和全球性多边协定来进行的，但仍有更多引起全球关切的化学品需要用此类协定来处理。

城市化在部分程度上导致更多废弃物生成，包括一般的电子废弃物以及工业和其他活动所产生的更为危险的废弃物。经济合作与发展组织成员国2007年产生了大约6.5亿吨的城市废物，年增长率约为0.5%—0.7%，其中15%是电子废物。有迹象表明，大部分电子废物的最终归宿是发展中国家，而在全球范围内，到2016年发展中国家生成的电子废物可能是发达国家的两倍。

许多发展中国家对废弃物处于暂时性监管真空的风险之中。化学品的生产正在从发达国家向发展中国家转移，而发展中国家的化学品使用量正在迅速增长。令人担忧的是，很多发展中国家缺少必要财政、技术和基础设施能力，难以进行科学的管理。许多国家都存在着废弃物管理政策，但其贯彻实施却成败不一。仅靠循环利用不足以解决问题，在这种情况下，废弃物管理方面的问题很有可能加剧，从而超出各国的应对能力。因此，废弃物预防、废弃物减少，"减量——再利用——再循环"以及资源回收等问题均需给予关注。同时，诸如干扰内分泌的化学品、环境中的塑料，以及纳米材料和化学品制造及在产品中的使用等方面出现的问题需要各国采取统一行动，加强预防与管理，防止对人类健康和环境造成危害。

第四节　如何保护人类的家园

一、使用环保节能交通工具

交通系统消耗了全球约1/3的能源。以石油产品为燃料的汽车是最主要的现代交通运输工具，它给人们带来方便和快捷的同时，也带来了无法回避的问题。根据调查，城市空气90%以上的CO、60%以上的碳氧化合物和30%以上的氮氧化物来自汽车排放，这些污浊的气体使人类的生存环境受到极大威胁。因此各国政府应采取措施，一方面鼓励居民购买和使用环保节能的交通工具；另一方面鼓励居民尽量采用乘坐公共交通工具出行，以减轻对生态环境的压力及破坏。

二、及时关掉家用电器

家用电器耗电量占人类能源消耗的30%以上，全球12%的温室气体排放与此有关。有环保组织称，那些处于待机状态的家用电器还会继续从电网中耗电，耗电量可达该种家用电器总耗电量的10%—60%。

三、保护森林，通过各种渠道参与植树造林

人类活动，尤其是化石质燃料导致气候变化。然而，很少有人意识到森林消失和土地利用的方式变化能产生了高达20%的全球温室气体排放。这是全世界所有车辆排放的两倍！森林可以吸收CO_2并通过光合作用使它转化成氧气，而毁林开荒、土地退化、筑路和城市扩张所造成的森林消失，也是导致温室气体排放的重要原因。

四、使用再生循环产品

再生循环产品利用材料的循环使用来减少生产中使用新原料的数量，从而降低二氧化碳排放量。把有机的材料循环再用，可以避免从垃圾填埋地里释放出来的沼气。

五、使用节能环保能源

生活中使用太阳能、天然气等节能环保性能源，能减少石油的使用量，降低温室气体的排放。

六、购买本地的产品和季节性的食物

购买本地的产品能减少在产品运输时产生的CO_2。例如在英国，8%从汽车里释放的CO_2来自运送非本地产品的车辆。购买季节性的水果和蔬菜能减少温室生长的农作物。很多温室都消耗大量的能源来种植非季节性的产品。

七、减少肉、蛋、奶等动物性食品的采购

饲养家畜要消耗掉2/3以上的耕地，地球上人为生产的甲烷中，畜牧业就占16%，肉类的生产包装、运输和烹饪所消耗的能量比植物性食物要多得多，其对引发地球温室效应所占人类行为的比重高达25%。

八、拒绝过度包装

尽量购买包装简单的产品，这代表在包装的生产过程中，消耗了较少的能量,减少了送往垃圾填埋地的垃圾，同样减少了温室气体的排放。

第四章　中华民族的家园

第一节　中国的人口现状

一、总和生育率偏低，但人口增长量还很大

进入21世纪后，中国的妇女总和生育率下降至1.8以下，明显低于国际上公认的更替水平生育率2.1。"第六次人口普查结果显示我国大陆31个省区市和现役军人总人口为1 339 724 852人，将港、澳、台2010年底人口数据计入在内的全国人口总数为1 370 536 875人。与第五次人口普查相比，十年增加7 390万人，增长5.84%，年均增长0.57%。这些数据表明我国人口增长处于低生育水平阶段，但是由于13亿人口的巨大基数，人口惯性增长势头依然强劲，总人口每年净增800万至1 000万人。低生育水平面临反弹的危险，人口数量问题不容

忽视。"①

二、人口综合素质总体水平不高

国家统计局《2010年第六次全国人口普查主要数据公报（第1号）》显示："第六次人口普查显示我国的文盲率从2000年的6.72%下降到2009年的4.08%。"每10万人中具有大学文化程度的由2000年的3 611人上升为8 930人，我国人均受教育年限由2000年的7.85年上升为8.5年。横向比较来看虽然我国人口整体的文化素质比以前大有提高，但纵向比较来看我国人口的文化素质仍远远低于发达国家。这既体现了我国在全面普及九年义务教育、人力发展高等教育方面的进步，也反映出我国人口素质总体水平还很低。

三、人口老龄化问题突出，出生人口性别比失调

中国已于1999年进入老龄社会。第六次人口普查结果显示全国60岁及以上人口占总人口13.26%，比2000年上升2.93个

① 崔雨晴：《中国人口现状研究综述》，《今日财富》2011年第10期。

百分点；其中65岁及以上人口占8.87%，上升1.91个百分点，我国老龄化社会的特征日益明显。

"第三次、第四次、第五次全国人口普查时出生人口性别比分别为111.3，116.9，118.06，而在生物学上，这个比例在103—107之间时比较正常。出生人口性别比失调，势必给我国社会稳定造成隐患。"[1]

四、流动迁移人口规模增大

农村劳动力向城市转移，是一个不可抗拒的现代化趋势。改革开放以来，由于城乡之间、地区之间经济社会发展不平衡，加上城镇化发展水平不断提高，大量农村富余劳动力从农村涌入城市，从中西部地区涌向东南沿海地区。人口流动对我国城市化进程起到了很大的促进作用，但同时，流动人口也因其某种程度上的自发性和盲目性，对城市化产生了不可避免的负面影响。第六次人口普查显示，我国流动人口增加超过2.6亿，居住地与户口登记地所在的乡镇街道不一致、且离开户口登记地半年以上的人口为2.6亿人，比2000年

---

① 刘永强，庞立国：《社区老年人健康需求与体育的作用》，《社会福利》2012年第3期。

增加1.17万人，增长81.03%。这些数据表明，我国应进一步加快城镇化进程，同时要加强对流动人口的管理制度，加快我国的现代化进程。

五、改善我国人口现状的措施

第一，针对不同区域的不同情况，应该适度放宽生育政策但不能取消计划生育政策。过低的生育率会导致人口长期的惯性负增长，进而在宏观层面上对一个国家的经济活力、社会结构乃至民族生存造成冲击，同时也在微观层面上牵动这个国家中每一个家庭和个人的幸福与权利。

第二，深化教育体制改革，坚持科教兴国和人才强国战略。应该深化教育体制改革，不仅要在升学率和教育普及程度上达到发达国家水平，更重要的是要提高教学质量，形成高等院校的学术氛围，培养数以亿计的高素质劳动者、数以万计的专门人才和一大批拔尖创新人才，把巨大的人口压力转化为丰富的人力资源优势。

第三，加强城市流动人口管理和服务工作，调整和完善城镇化发展的方针、政策。近年来我国在流动人口管理中遇到了许多新情况和问题。因此，重新审视城镇化发展道路，调整我国城镇化发展的方针、政策，引导我国人口的合理分布，对加快我国的城镇化进程，统筹区域发展、城乡发展，促进国民经济可持续发展至关重要。

改革开放三十多年来，计划生育政策的实施改变了中国人口多的境况，很大程度上缓解了人口压力，在相对较短的时期内，使资源、耕地、就业等方面的压力得到明显的改善，国民经济迅速发展，综合国力大大提高。但是，中国的人口现状依然并不乐观：人口增长量大，人口素质总体水平不高，老龄化和性别比失衡问题明显，流动人口增加，就业形势严峻，社会保障负担重。改善中国的人口现状应该坚持科学发展观，坚持人才强国和科教兴国战略，完善社会保障制度，走适合中国国情的富国强民之路。

第二节　中国的资源现状

中国幅员辽阔，自然资源非常丰富。中国各种类型土地资源都有分布；水能资源居世界第一位；是世界上拥有野生动物种类最多的国家之一；几乎具有北半球的全部植被类型；矿产资源丰富，品种齐全。但人均占有资源的比率远远低于世界平均水平。

一、土地资源

中国土地资源的基本特点是：绝对数量大，人均占有少；山地多，平原少；耕地与林地所占的比例小；各类土地资源地区分布不均，耕地主要集中在东部季风区的平原和盆地地区，林地多集中在东北、西南的边远山区，草地多分布在内陆高原、山区。

（一）耕地

国家统计局《中国统计年鉴2012》数据表明："目前我国共有耕地121.72平方公里，占全部国土面积12.8%。"耕地相对集中在东北平原、华北平原、长江中下游平原、珠江三角洲和四川盆地。

中国耕地资源不断减少。据国土资源部和国家统计局的调查数据，从1996年到2004年中国耕地面积减少660多万公顷，年均减少67万多公顷。近两年国家采取最严格的土地管理政策，耕地减少势头有所遏制，但年耕地减少量仍然很大。国家统计局统计公报显示，2006年实际建设占用耕地16.7万公顷，灾毁耕地3.6万公顷，生态退耕33.9万公顷，因农业结构调整减少耕地4万公顷，查出往年建设未变更上报的建设占用耕地9.1万公顷，土地整理复垦开发补充耕地36.7万公顷。当年净减少耕地30.6万公顷。

（二）林地

中国的森林面积由1992年的1.34亿公顷增加到2012年的1.95亿公顷，净增近6 200万公顷；森林覆盖率由1992年的13.92%增加到20.36%，净增6.44个百分点。在全球森林资源持续减少的大背景下，中国实现了森林面积和蓄积量的双增长。森林蓄积量由101亿立方米增加到137亿立方米，净增36亿立方米；总碳储量78.11亿吨，年生态服务功能价值达10万亿元人民币。与此同时，沙化面积由上世纪末的年均扩展3 436平方公里，下降到目前的年均缩减1 717平方公里；国际重要湿地数量达41处，约50%的自然湿地得到有效保护；林业系统建设管理了占全国80%的自然保护区，面积达到1.23亿公顷，占国土面积的12.77%，90%的陆地生态系统类型、85%的野生动物种群和65%的高等植物群落得到有效保护。

但由于中国人口众多，人均占有森林面积远远低于世界平均水平；中国的森林分布严重不均，天然林多集中分布在东北和西南地区，而人口稠密、经济发达的东部平原，以及辽阔的西北地区，森林却很稀少。

中国森林树种丰富，仅乔木就有2 800多种，珍稀特有树种有银杏、水杉等。为保护环境和满足经济建设的需要，中国持续开展了大规模的植树造林活动。目前，中国人工林面积6 168万公顷，已成为世界上人工林面积最大的国家。国家统计局《中华人民共和国2012年国民经济和社会发展统计公报》显示："2011年完成造林面积601万公顷，其中人工造林410万公顷。林业重点工程完成造林面积274万公顷，占全部造林面积的45.6%。截至2011年底，自然保护区达到2 640个，其中国家级自然保护区363个。新增水土流失治理面积4.2万平方公里，新增实施水土流失地区封育保护面积2.6万平方公里。"

为了抵御风沙侵袭，防止水土流失，中国营造了许多防护林，如"三北"防护林体系（东北地区西部、华北地区北部及西北地区）、长江中上游防护林体系、沿海防护林体系、太行山绿化工程、平原绿化工程等。其中"三北"防护林体系正在营造长7 000多公里的"绿色长城"，范围约2.6亿公顷，占中国陆地面积的1/4，所以被称为"世界上最大的生态工程"。

（三）草地

中国现有草地面积4亿公顷，其中可利用的草地31 333万公顷，是世界草地面积最大的国家之一。中国的天然草地主要分布在"大兴安岭——阴山——青藏高原"东麓一线以西以北的广大地区；人工草地主要在东南部地区，与耕地、林地交错分布。中国主要的草地集中于四大牧区：内蒙古牧区、新疆牧区、青海牧区和西藏牧区。

二、水资源

中国是世界上河流和湖泊众多的国家之一。由于中国的主要河流多发源于青藏高原，落差很大，因此水能资源非常丰富，蕴藏量约6.8亿千瓦，居世界第一位。但中国水能资源的地区分布很不平衡，70%分布在西南地区。按河流统计，以长江水系为最多，占全国的近40%，其次是雅鲁藏布江水系。黄河水系和珠江水系也有较多的水能蕴藏量。

《中华人民共和国2012年国民经济和社会发展统计公报》提供了以下一组数字：2011年全年水资源总量28 410亿立方米。全年平均降水量676毫米。年末全国422座大型水库蓄水总量2 120亿立方米，比上年末多蓄水164亿立方米。全年总用水量6110亿立方米，与上年基本持平。其中，生活用水增长3.2%，工业用水下降0.8%，农业用水下降0.5%，生态补水增长7.2%。万元国内生产总值用水量129立方米，比上年下降7.2%。万元工业增加值用水量76立方米，下降8.0%。人均用水量452立方米，下降0.4%。

三、动植物资源

中国是世界上拥有野生动物种类最多的国家之一，仅陆栖脊椎动物就有两千多种，占世界陆栖脊椎动物的9.8%，其中鸟类所占比例最高，兽类次之。在2010年2月2日发布的《中国自然资源概况》中显示：现已发现鸟类有1 189种，兽类500种，两栖类210种，爬行类320种。陆地脊椎动物中有不少种类为中国所特有或主要分布于中国。以鸡形目为例就有19种，如竹鸡、角雉、蓝鹇、白冠长尾雉等。兽类特有的物种有被称为"活化石"的大熊猫，在动物学研究上具有特殊意义的麋鹿（俗称四不像，目前野生的已经绝迹），还有羚牛、毛冠鹿、梅花鹿等。中国的资源动物也极丰富，仅毛皮兽就有七十多种，占全国兽类的17%以上。

由于中国自然条件复杂，所以植物种类很多，仅木本植物就达三万多种，其中乔木有2 800种以上。中国几乎具有北半球的全部植被类型：东部湿润区分布着各类森林；最北部寒温带为落叶针叶林；向南是温带落叶阔叶林区；亚热带林区在中国面积最大，局部地区还残存着世界上其他地方早已绝迹的小片"活化石"林；最南部有热带的半常绿季雨林、雨林和红树林，并引种了一些热带植物，如橡胶、油棕、剑麻等。中国特有的树种除水杉、银杉、银杏外，还有水松、杉木、金钱松、台湾杉、福建柏、杜仲等。

四、矿产和非矿产资源

中国矿产资源丰富。现已发现171种矿产资源，查明资源储量的有158种，目前，中国92％以上的一次能源、80％的工业原材料、70％以上的农业生产资料来自于矿产资源。

中国能源矿产资源比较丰富，但结构不理想，煤炭资源比重偏大，石油、天然气资源相对较少。煤炭资源蕴藏量大，煤种齐全，但优质炼焦用煤和无烟煤储量不多；东少西多，北丰南贫；煤层中伴生矿产多。在油气资源中，石油资源量大，但资源的探明程度低，陆上探明石油地质储量仅占全部资源的1/5，近海海域的探明程度更低。

中国属于世界上金属矿产资源比较丰富的国家之一。世界上已经发现的金属矿产在中国基本上都有探明储量。金属矿产资源分布广泛，但又相对集中于几个地区；许多重要矿产质量欠佳，贫矿多；中小型矿床所占比例大，大型、超大型矿床所占比例小。

中国是世界上非金属矿产品种比较齐全的少数国家之一，全国现有探明储量的非金属矿产产地五千多处。大多数非金属矿产资源探明储量丰富，但钾盐、硼矿资源相对短缺。

五、海洋资源

中国拥有丰富的海洋资源。油气资源沉积盆地约70万平方公里，石油资源量估计为240亿吨左右，天然气资源量估计为14万亿立方米。中国管辖海域内有海洋渔场280万平方公里；20米以内浅海可养殖面积260万公顷，已经养殖的面积约为71万公顷。浅海滩涂可养殖面积242万公顷，已经养殖的面积为55万公顷。中国已经在国际海底区域获得约7.5万平方公里金属结核矿区，多金属结核储量5亿多吨。中国的潮汐能蕴藏量为1.1亿千瓦，可开发利用量约2 100万千瓦，每年可发电580亿度。浙江、福建两省潮差较大，潮汐能占全国沿海的

80%。其中浙江省的潮汐能蕴藏量约有1 000万千瓦，钱塘江口潮差达8.9米，是建设潮汐电站最理想的河口。

第三节　中国的环境现状

中国的环境问题，自2000年以来已经上升到一个在国家政治生活以及社会活动中十分突显的重要地位。这些年突发的环境事件每年增加的量很大，环境污染趋势虽然有所减缓，但总体形势依然十分严峻，尤其是水、气、土壤污染严重，固体废弃物、汽车尾气、持续性有机物污染等还在持续增加。2012年全国化学需氧量排放量为2 423.7万吨，氨氮排放量为253.6万吨，分别比上年减少3.05%、2.62%；废气中SO_2排放量为2 117.6万吨，氮氧化物排放量为2 337.8万吨，分别比上年减少4.52%、2.77%。

一、空气质量

按照《环境空气质量标准》（GB3095—1996），中国政府对325个地级及以上城市（含部分地、州、盟所在地和省辖市，以下简称地级以上城市）和113个环境保护重点城市（以下简称环保重点城市）的SO_2、NO_2和可吸入颗粒物三项污染物进行评价，结果表明：2012年，全国城市环境空气质量总体保持稳定，但污染程度依然较重。

（一）空气质量总体情况

2012年2月，《环境空气质量标准》（GB3095—2012）正式发布。截至2012年底，京津冀、长三角、珠三角等重点区域以及直辖市、省会城市和计划单列市共74个城市建成符合空气质量新标准的监测网并开始监测。按照新标准对SO_2、NO_2和可吸入颗粒物评价结果表明，地级以上城市达标比例为40.9%，下降50.5个百分点；环保重点城市达标比例为23.9%，下降64.6个百分点。地级以上城市中，4个城市SO_2年均浓度超标，占1.2%；43个城市NO_2年均浓度超标，占13.2%；186个城市可吸入颗粒物年均浓度超标，占57.2%。环保重点城市中，2个城市SO_2年均浓度超标，占1.8%；31个城市NO_2年均浓度超标，占27.4%；83个城市可吸入颗粒物年均浓度超标，占73.4%。

（二）酸雨

1. 酸雨频率：2012年，监测的466个市（县）中，出现酸雨的市（县）达215个，占46.1%；酸雨频率在25%以上的达133个，占28.5%；酸雨频率在75%以上的56个，占12.0%。

2. 降水酸度：2012年，降水PH年均值低于5.6（酸雨）、低于5.0（较重酸雨）和低于4.5（重酸雨）的市（县）分别占30.7%、18.7%和5.4%。与上年相比，酸雨、较重酸雨和重酸雨的市（县）比例分别下降1.1个百分点、0.5个百分点和1.0个百分点。

3. 酸雨分布：2012年，全国酸雨分布区域主要集中在长江沿线及以南至青藏高原以东地区。主要包括浙江、江西、福建、湖南、重庆的大部分地区，以及长三角、珠三角、四川东南部、广西北部地区。酸雨区面积约占国土面积的12.2%。

（三）废气中主要污染物排放量

2012年，SO_2排放总量为2 117.6万吨，与上年相比下降4.52%；氮氧化物排放总量为2 337.8万吨，与上年相比下降2.77%。

2012年9月，国务院正式批复《重点区域大气污染防治"十二五"规划》（以下简称《规划》），规划范围为京津冀、长三角、珠三角等13个重点区域，涉及19个省的117个地级及以上城市，明确提出"到2015年，空气中PM10、SO_2、

NO_2、PM2.5年均浓度分别下降10%、10%、7%、5%"的目标；明确了防治PM2.5的工作思路和重点任务，增强了区域大气环境管理合力。这是中国第一部综合性大气污染防治规划，标志着中国大气污染防治工作逐步由污染物总量控制为目标导向，向以改善环境质量为目标转变。《规划》对贯彻落实中国共产党第十八次全国代表大会精神，大力推进生态文明建设，加快构建美丽中国，切实改善大气环境质量具有重要意义。

二、陆地水环境

2012年的监测结果表明，全国环境质量状况总体保持平稳，但形势依然严峻。在2013年6月4日环保部发布的《2012年中国环境状况公报》中显示的数据，告诉人们一个事实：在寻求人与自然和谐的道路上，中国人依旧任重而道远。

（一）全国水环境质量不容乐观

长江、黄河、珠江、松花江、淮河、海河、辽河、浙闽片河流、西南诸河和西北诸河十大流域的国控断面中，Ⅰ—Ⅲ类、Ⅳ—Ⅴ类和劣Ⅴ类水质的断面比例分别为68.9%、20.9%和10.2%。珠江流域、西南诸河和西北诸河水质优，长江和浙闽片河流水质良好，黄河、松花江、淮河和辽河为轻度污染，海河为中度污染。在监测的60个湖泊（水库）中，富营养化状态的湖泊（水库）占25.0%，其中，轻度富营养状态和中度富营养状态的湖泊（水库）比例分别为18.3%和6.7%。在198个城市4 929个地下水监测点位中，"优良—良好—较好"水质的监测点比例为42.7%，"较差—极差"水质的监测点比例为57.3%。

（二）全国近岸海域水质总体一般

一、二类海水点位比例为69.4%，三、四类海水点位比例为12.0%，劣四类海水点位比例为18.6%。四大海区中，黄海和南海近岸海域水质良好，渤海近岸海域水质一般，东海近岸海域水质极差。9个重要海湾中，黄河口水质优，北部湾水质良好，胶州湾、辽东湾和闽江口水质差，渤海湾、长江口、杭州湾和珠江口水质极差。

（三）农村环境问题日益显现

随着工业化、城镇化和农业现代化不断推进，农村环境形势严峻。突出表现为工矿污染压力加大，生活污染局部加剧，畜禽养殖污染严重。全国798个村庄的农村环境质量试点监测结果表明，试点村庄空气质量总体较好，农村饮用水源和地表水受到不同程度污染，农村环境保护形势依然严峻。

2012年，是中国发展征程上具有特殊重要意义的一年。国务院先后批复《重点流域水污染防治规划（2011—2015年）》、《重点区域大气污染防治"十二五"规划》；推进重点湖泊污染防治工作，太湖等流域水质得到初步改善；安排25亿元专项资金对生态良好湖泊进行保护。发布《环境保护综合名录（2012年版）》，在15个省（区、市）开展环境污染强制责任保险试点；积极推进环境监测技术天地一体化进程，成功发射"环境一号"C卫星；水体污染控制与治理科技重大专项实施取得新进展；发布环境保护标准68项。2008年中央财政设立国家重点生态功能区转移支付资金以来，转移支付范围不断扩大，转移支付资金量不断增加。2012年，转移支付范围包括466个县（市、区），转移支付资金达到371亿元。中国共产党第十八次全国代表大会胜利召开，把生态文明建设纳入中国特色社会主义事业五位一体的总体布局，提出推进生态文明，建设美丽中国，实现了中国共产党执政兴国理念和实践的重大创新。

三、海洋环境

2012年，海水中无机氮、活性磷酸盐、石油类和化学需氧量等监测要素的综合评价结果显示，我国管辖海域海水环境状况总体较好，但近岸海域海水污染依然严重。《2012年中国海洋环境状况公报》显示：符合第一类海水水质标准的海域面积约占我国管辖海域面积的94%，符合第二类、第三类和第四类海水水质标准的海域面积分别为46 910平方公里、30 030平方公里和24 700平方公里，劣于第四类海水水质标准的海域面积为67 880平方公里，较上年增加了24 080平方公里。渤海、黄海、东海和南海劣于第四类海水水质标准的海域面积分别增加了8 870平方公里、6 990平方公里、6 700平方公里和1 520平方公里。劣于第四类海水水质标准的区域主要分布在黄海北部、辽东湾、渤海湾、莱州湾、江苏沿岸、长江口、杭州湾、珠江口的近岸海域。近岸海域主要污染要素是无机氮、活性磷酸盐和石油类。南海中南部中沙群岛及南沙群岛海域水质状况良好，海水中无机氮、活性磷酸盐、石油类和化学需氧量等监测要素均符合第一类海水水质标准。海水中无机氮和活性磷酸盐含量超标导致了近岸局部海域的富营养化。2012年，呈富营养化状态的海域面积约9.8万平方公里，较上年增加2.4万平方公里，其中重度、中度和轻度富营养化海域面积分别为19 250平方公里、39 980平方公里和38 660平方公里。重度富营养化海域主要集中在黄海北部、辽河口、渤海湾、莱州湾、长江口、杭州湾和珠江口的近岸区域。

四、土壤

"截止2006年10月31日，全国耕地面积（未包括香港、澳门特别行政区和台湾省的数据）121 775.9千公顷。"全国耕地面积减少了0.3%，园地农田面积增加了2.31%，林地面积增加了0.3%，木草场面积减少了0.21%，居民点及独立工矿用地面积增加了1.1%，交通运输用地面积增加了3.37%，水力设施用地面积增加了0.26%。全国耕地面积共减少了760万公顷，其中建设占用耕地为141.78万公顷。同时，通过重新整理土地，共增加有效耕地面积为213.17万公顷。

灾毁耕地为5.35万公顷、生态退耕39万公顷、农业结构调整减少耕地1.23万公顷、土地补充耕地30.67万公顷。此外查出已经建设但未被上报的建设面积用地为7.34万公顷。

全国的水土流失面积为356万平方公里，占国土地总面积的37%，其中水力侵蚀面积165万平方公里；风力侵蚀面积191万平方公里。水土流失主要分布在山区、丘陵和风沙区，特别是大江、大河中上游地区。全国因水土流失导致的年流失土壤达50亿吨。

我国荒漠化土地面积达260余万平方公里，占全国耕地面积的27%以上，相当于14个广东省，其中新疆、内蒙古的荒漠化土地面积，分别占总面积的47%和60%。

我国大部分农田由于化肥使用不当或者利用率较低，造成了土地的污染，部分地区严重污染的种菜地区土壤中汞的污染较重，重金属超标。施肥不当或者是缺少科学施肥是造成主要河流、湖泊污染产生富营养化的重要原因之一，我国农业每公顷土地施肥量大约有一半以上流入湖泊和河流。

此外，固体废物对土壤也是一大危害。由中国环境保护产业协会网发布的《2009年中国环境状况公报（固体废物）》显示：2009年，全国工业固体废物产生量为204 094.2万吨，比上年增加7.3%；排放量为710.7万吨，比上年减少9.1%；综合利用量（含利用往年贮存量）、贮存量、处置量分别为138 348.6万吨、20 888.6万吨、47 513.7万吨。危险废物产生量为1429.8万吨，综合利用量（含利用往年贮存量）、贮存量、处置量分别为830.7万吨、218.9万吨、428.2万吨。

第五章　走可持续发展道路

"可持续发展"是20世纪80年代提出的一个新概念，是人类对发展认识深化的重要标志。1987年，世界环境与发展委员会在《我们共同的未来》报告中，首次阐述了"可持续发展"的概念。报告指出，所谓"可持续发展"，就是要在"不损害未来一代需求的前提下，满足当前一代人的需求"。换句话说，可持续发展就是指经济、社会、资源和环境保护协调发展，既要达到发展经济的目的，又要保护好人类赖以生存的大气、淡水、海洋、土地和森林等自然资源和环境，使子孙后代能够永续发展和安居乐业。可持续发展的核心是发展，但要求在保持资源和环境永续利用的前提下实现经济和社会的发展。

第一节　可持续发展的由来

随着人类社会与大自然的不断发展和相互作用，人类文明社会不断演化交替。人类大体经历了采猎文明、农业文明、工业文明和后工业文明这几个阶段。人类创造了前所未有的物质财富，极大地推动了文明的进步。但人类赖以生存的自然环境的平衡逐渐被打破，破坏越来越严重，全球环境问题越来越凸现。大气污染和水污染、水土流失和土地荒漠化、酸雨和有毒化学品污染都是环境污染问题，这些环境问题不断地在全球显现，已经威胁到了人类的生存和发展，我们不得不正视这些环境问题和寻找解决这些问题的办法。然而，单靠科学技术手段去修补环境是不可能从根本上解决问题的，我们必须在各个层次上去调控人类的社会行为，去改变支配人类社会行为的思想。

"早在17世纪，英国古典经济学家就在当时的社会生产条件下提出过资源的稀缺以及人口过多对经济增长和发展有限制作用。工业革命的进行，使环境污染问题、资源过度利用问题逐渐展现，新古典经济学对此提出了外部性、资源性的最优利用问题。"[①]这些经典理论，为可持续发展理论的形成提供了基础。20世纪60年代至70年代以来的人口爆炸、环

---

① 王晶：《经济增长方式转变与环境污染问题的研究》，《上海师范大学硕士论文（2008年4月）》，第18页。

境污染等现实背景以及对经济发展前景的探讨直接促成了可持续发展理论的形成。

"可持续发展"可以理解为促进发展并保证其具有可持续性，很明显，它包括了两个概念：可持续性和发展。持续就是"维持下去"或"保持继续提高"。对于资源与环境而言，就是使自然资源能够永远为人类所利用，不会因为其耗竭而影响后代人的生产与生活。

第二节　马克思和恩格斯的"可持续发展"

马克思、恩格斯是伟大的革命家和思想家，他们不仅研究了人与社会的关系，强调了人的社会属性，还研究了人与自然的关系，分析了人的自然属性，他们认为人类的发展不能靠破坏自然来换取，这为我们今天可持续发展奠定了理论的基础，同时也指明了发展的方向。

一、马克思和恩格斯对自然的认识

马克思、恩格斯在分析自然的时候，强调自然是有规律可循的，并且这种规律是不依人的意识和意志而改变的，但只有人才有意识，人们可以认识和掌握自然规律，并利用好它为人类服务，但是一旦超过了界限，人类就会遭受自然的报复。

马克思指出："自然规律是根本不能取消的。在不同的历史条件下能够发生变化的，只是这些规律借以实现的形式。"恩格斯也指出："事实上，我们一天天地学会更加正确地理解自然规律，学会认识我们对自然界的惯常行程的干涉所引起的比较近或比较远的影响。"恩格斯承认"人对自然的统治"，但是"我们统治自然界，决不像征服者统治异族人那样，决不是像站在自然界之外的人似的，相反的，我们连同我们的肉、血和头脑都是属于自然界和存在于自然之中的；我们对自然界的全部统治力量，就在于我们比其他一切生物强，能够认识和正确运用自然规律。"我们应该充分地认识这些自然规律，从而能够让自然更好地为人类服务。

二、人与自然之间是一种实践关系

在马克思主义哲学中，实践是指人能动的改造客观世界的物质活动，是人所特有的对象性活动，是人类的生存方式。在人与自然的关系上，马克思认为"主体是人，客体是自然"。人作为主体，首先有其存在的自然前提。"人本身是自然的产物，是在他们环境中并且和这个环境一起发展起来的。"因此，人也是自然的一部分，人的存在和活动依赖于物质自然界。其次，人在本质上是社会关系的总和。人不单单是一个"自然的人"，还是一个"社会的人"，是一个"支配一切自然力的那种活动出现在生产过程中"的人。

　　马克思认为，人与自然的关系实际是一种实践关系，人和自然界是通过人的实践活动而彼此联系着的。实践作为一种人对自然的改造活动，是对象化与非对象化的统一过程。对象化即主体的客化，自然的人化。它通过把人的本质力量和能力从主体的运动形式转变为客观对象的方法，在劳动过程中创造某种对象。恩格斯说过，人类与自然界的关系优于自然界的关系，根本区别就是人能通过生产劳动自己来利用和支配自然。但是恩格斯又特别警告人们，作为自然存在的人必须和自然界和谐相处。人类不要站在自然之外去统治自然。如果这样做，自然界必然无情地报复人类。他说："不要过分陶醉于我们对自然界的胜利。对于每一次这样的胜利，自然界都报复了我们。"

第三节　可持续发展战略的提出

世界未来学会主席、美国社会学家爱德华·科尼什曾说过，就社会变革的角度而言，1800年至1850年可称为迅速变革的时期；从1950年开始，我们这个星球出现了一个彻底变革的时期；而20世纪70年代以来，变革的速度进一步加快，可称作"痉挛性变革时期"。社会以及人的能力的迅速发展，确实使人类在控制自然方面取得了辉煌的成就：在宏观领域，人类制造的宇宙探测器已经飞出了太阳系，在微观领域，我们已经深入到原子核内部的研究，并把成果应用于解决能源问题和武器制造上。人们坚信：只要我们坚持这样发展下去，我们的生活就会越来越美好，我们的前途就会越来越光明。

但是，自20世纪60年代以来，人类对自己的这些进步却产生了种种疑虑，人们越来越感到，西方近代工业文明的发展模式和道路是不可持续的。人们迫切地需要对人类过去走过的发展道路重新进行评价和反思。人类面对的不仅仅是经济问题，而是需要在价值观、文化和文明的方式等方面进行更广泛、更深刻地变革，寻求一种可持续发展的道路。这是人类的明智选择。

　　人们之所以对自己的发展产生疑虑，主要是因为传统的发展模式给人类自身造成了各种困境和危机，并且已开始危及人类的生存。第一，资源危机。工业文明依赖的主要是非再生资源，如金属矿、煤、石油、天然气等。据估计，地球上（已探明的）矿物资源储量，长则还可使用一二百年，少则几十年。水资源匮乏也已十分严重，地球上97.5%的水是咸水，只有2.5%的水是可直接利用的淡水，而且这些水的分布极不均匀，发展中国家大多是缺水国家。我国70%以上城市日缺水1 000多万吨，约有3亿亩耕地遭受干旱威胁。由于常年使用地下水，造成水位每年下降2米。第二，土地沙化日益严重。水是生命存在的条件。人体70%由水构成，沙漠意味着水不足，意味着死亡。现在，由于森林被大量砍伐，草场遭到严重破坏，世界沙漠和沙漠化面积已达4 700多万平方公里，占陆地面积的30%，而且还在以每年600万公顷的速度扩大。第三，环境污染日益严重。环境污染包括大气污染、水污染、噪音污染、固体污染、农药污染、核污染，等等。由于工业化大量燃烧煤、石油，再加上森林大量减少，CO_2大量增加，因而造成了温室效应。其后果就是气候反常，影响工农业生产和人类生活。据估计，南极春天臭氧层比15年前已变薄50%。第四，物种灭绝和森林面积大量减少。由于热带雨林被大量砍伐和焚烧，每年减少4 200英亩，按这个速度，到2030年热带雨林将消失殆尽。据估计，地球表面最初有67亿公顷森林，陆地60%的面积由森林覆盖。到20世纪80年代已下降到26.4亿公顷。由于丛林减少，使得地球上每天有50至100种生物灭绝，其中大多数我们连名字都不知道。

当代发生的各种危机，都是人类自己造成的。传统的西方工业文明的发展道路，是一种以摧毁人类的基本生存条件为代价获得经济增长的道路。人类已走到十字路口，面临着生存还是死亡的选择。正是在这种背景下，人类选择了可持续发展的道路。

1972年，以梅多斯为首的一个17人专家小组向罗马俱乐部提交了关于人类困境的第一份报告《增长的极限》。该报告提出了著名的增长极限论，认为人口增长、粮食供应、资本投资、环境污染和资源消耗是影响经济增长的五个主要因素，而这五个因素之间是相互影响、相互作用的。1972年，联合国在瑞典首都斯德哥尔摩举行的人类环境与发展会议所形成的文件，体现了可持续发展的基本思想。"可持续发展"、"可持续性"的概念，于1980年出现在世界自然保护联盟（IUCN）的文件《世界自然保护战略》中。1980年3月，联合国大会首次正式使用了"可持续发展"概念。

1987年，《世界环境与发展委员会》公布了题为《我们共同的未来》的报告。报告提出了可持续发展的战略，标志着一种新发展观的诞生。报告把可持续发展定义为"持续发展是在满足当代人需要的同时，不损害人类后代满足其自身需要的能力"。它明确提出了可持续发展战略，提出保护环境的根本目的在于为了确保人类的持续存在和持续发展。这份文件1987年在联合国第42届大会通过。1992年6月，在巴西的里约热内卢召开了"联合国环境与发展大会"，183个国家和70多个国际组织的代表出席了大会，其中有102位国家元首或政府首脑。大会通过了《21世纪议程》，阐述了可持续发展的40个领域的问题，提出了120个实施项目。这是可持续发展理论走向实践的一个转折点。

1993年，中国政府为落实联合国大会决议，制定了《中国21世纪议程》，指出"走可持续发展之路，是中国在未来和下世纪发展的自身需要和必然选择"。1996年3月，我国八届人大四次会议通过的《中华人民共和国国民经济和社会发展"九五"计划和2010年远景目标纲要》，明确把"实施可持续发展，推进社会主义事业全面发展"作为我们的战略目标。

可持续发展战略的目的，是要使社会具有可持续发展能力，使人类在地球上世世代代能够生活下去。人与环境的和谐共存，是可持续发展的基本模式。自然系统是一个生命支持系统。如果它失去稳定，一切生物（包括人类）都不能生存。自然资源的可持续利用，是实现可持续发展的基本条件。因此，对资源的节约，就成为可持续发展的一个基本要求。它要求在生产和经济活动中对非再生资源的开发和使用要有节制，对可再生资源的开发速度也应保持在它的再生速率的限度以内。应通过提高资源的利用效率来解决经济增长的问题

第四节　可持续发展的内涵

1987年，挪威首相布伦特兰夫人代表联合国世界环境与发展委员会发表题为《我们共同的未来》的报告，第一次明

确地将可持续发展定义为"既满足当代人的需要，又不对后代人满足其需要的能力构成危害的发展"，自此"可持续发展"一词得到世人普遍接受。

我国有的学者对这一定义作了如下补充：可持续发展是"不断提高人群生活质量和环境承载能力的、满足当代人需求又不损害子孙后代满足其需求能力的、满足一个地区或一个国家需求又未损害别的地区或国家人群满足其需求能力的发展。"[1]

可持续发展包含两个既相互依赖又相互矛盾的方面，即"满足需要"和对需要的"限制"。满足需要，是要满足全人类的需要，尤其是处于弱势地位的贫困人民的需要。但对于需要的满足并不是无止境的，因为地球上的资源以及环境承载力是有限度的，一旦因为满足人们的需要而对上述承载力构成威胁，必将破坏和危及支持地球生命的自然系统，如大气、水体、土壤和生物。因此对人们的需要必须有一个必要的限度。

对于一个国家来说，可持续发展实际上是综合国力的

---

[1] 李业杰：《可持续发展理论的深化与发展》，《理论学刊》1998年第3期。

问题。可持续发展综合国力是指一个国家在可持续发展理论下具有可持续性的综合国力。可持续发展综合国力是一个国家的经济能力、科技创新能力、社会发展能力、政府调控能力、生态系统服务能力等各方面的综合体现。

由于可持续发展涉及政治、经济、文化、教育以及人口、资源、环境和生态等诸多因素，因此从可持续发展意义上考察一个国家的综合国力，不仅需要分析当前该国所拥有的政治、经济、文化、教育等方面的能力，而且需要了解支撑该国经济社会发展的人口、资源、环境、生态等服务和保障能力的变化及发展规律。

考察可持续发展综合国力，要依据可持续发展战略理念、条件、机制和准则，将可持续发展综合国力各构成要素作为一个完整的系统，研究、对比各构成要素对各国综合国力的影响，系统分析和评价综合国力及各分力水平，比较研究的目的是找出自己的不足，提出相应对策，制定可行的实施方案，不断提升综合国力，实现国家可持续发展的总体战略目标。

在实施可持续发展战略，增强可持续发展综合国力的过程中，科技创新是增强可持续发展综合国力的关键，因此必须提高本国的自主创新能力，建设创新型国家；生态系统的可持续性是增强可持续发展综合国力的基础，因此必须加强生态环境建设，维护良好的生态环境；经济系统的健康发展是增强可持续发展综合国力的条件，因此必须进一步完善社会主义市场经济体制，保持国民经济高效、健康、有序的发展；社会系统的持续进步是增强可持续发展综合国力的保障，因此必须进一步坚持和完善社会主义的民主法治建设，加快社会保障制度的建设。

第五节　中国的可持续发展战略

2002年,党的十六大把"可持续发展能力不断增强"作为全面建设小康社会的目标之一。可持续发展是以保护自然资源环境为基础，以激励经济发展为条件，以改善和提高人类生活质量为目标的发展理论和战略。它是一种新的发展观、道德观和文明观。

"我国实施可持续发展战略的指导思想是：坚持以人为本，以人与自然和谐为主线，以经济发展为核心，以提高人民群众生活质量为根本出发点，以科技和体制创新为突破口，坚持不懈地全面推进经济社会与人口、资源和生态环境的协调，不断提高我国的综合国力和竞争力，为实现第三步战略目标奠定坚实的基础。我国21世纪初可持续发展的总体目标是：可持续发展能力不断增强，经济结构调整取得显著成效，人口总量得到有效控制，生态环境明显改善，资源利用率显著提高，促进人与自然的和谐，推动整个社会走上生产发展、生活富裕、生态良好的文明发展道路。"这是《中国21世纪初可持续发展行动纲要》（以下简称《行动纲要》）以鲜明而响亮的声音提出的重要思想。关于我国的可持续发展战略，在《行动纲要》中就发展目标、指导原则、存在问题等，都有明确的表述。

一、可持续发展战略的内涵

首先，突出发展的主题。发展与经济增长有根本区别，增长单纯强调经济增长，注重的是眼前利益、经济利益；发展是集社会、科技、文化、环境等多项因素于一体的完整过程，注重的是长远利益、人类共同的和普遍的利益。

其次，发展的可持续性。发展不仅考虑到本国的经济利益，还要考虑到本国及整个地球的资源、环境的制约，因此人类的经济和社会的发展不能超越资源和环境的承载能力。

再次，人与人关系的公平性。发展不仅要考虑当代人眼前的利益，还要考虑人类的子孙后代的福祉；发展不仅要考虑当代一部分人的利益，还要考虑同一代人中一部分人的发展不应当损害另一部分人的利益。

最后，人与自然的协调共生。"人类必须建立新的道德观念和价值标准，学会尊重自然、师法自然、保护自然，与之和谐相处。我国提出的科学发展观把社会的全面协调发展和可持续发展结合起来，以经济社会全面协调可持续发展为基本要求，指出要促进人与自然的和谐，实现经济发展和人口、资源、环境相协调，坚持走生产发展、生活富裕、生态良好的文明发展道路，保证一代接一代地永续发展。"[1]

二、可持续发展战略的基本内容及其能力建设

可持续发展战略包括经济可持续发展、生态可持续发展及社会可持续发展三方面内容。

如果说经济、人口、资源、环境等内容的协调发展构

---

[1] 奚洁人主编：《科学发展观百科词典》，上海辞书出版社2007年10月版。

成了可持续发展战略的目标体系，那么，管理、法制、科技、教育等方面的能力建设就构成了可持续发展战略的支撑体系。可持续发展的能力建设是可持续发展的具体目标得以实现的必要保证，即一个国家的可持续发展很大程度上依赖于这个国家的政府和人民通过技术的、观念的、体制的因素表现出来的能力。具体地说，可持续发展的能力建设包括决策、管理、法制、政策、科技、教育、人力资源、公众参与等内容。

第一，可持续发展的管理体系建设。实现可持续发展需要一个有效的管理体系。发达国家以及发展中国家的历史经验表明，环境与发展不协调的许多问题是由于缺乏正确的决策体制及机制，缺乏科学、完善的管理体系导致的。因此，提高决策与管理能力就构成了可持续发展能力建设的重要内容。可持续发展管理体系的内容包括高素质的决策与管理人才，规划、法制、行政、经济等科学的管理手段和措施，完善的组织结构，科学而高效的决策与协调管理机制。

第二，可持续发展的法制体系建设。历史和现实的经验表明：法制建设与公民法律意识的普遍提高是可持续发展战略付诸实现的重要保障。因此，建立可持续发展的法制体系是可持续发展能力建设的重要方面。可持续发展的法制体系建设内容包括可持续发展的立法，可持续发展的执法和实施，可持续发展法律法规的教育和普及。具体要求是立法要及时、完善，执法要严格、公正，违法者必须得到应有的惩罚。在可持续发展的法制建设过程中，政府的行政行为显得尤为关键，必须加快转变政府职能的步伐，做到科学行政、依法行政。

第三，可持续发展的科技系统建设。科学技术是可持续发展的主要基础之一，科技创新是可持续发展的关键。科学技术对可持续发展的作用是多方面的，它可以为可持续发展提供科技人才支持；它可以通过重大科学发现和关键技术的突破，扩大自然资源的可供给范围，深化对自然资源利用的链条，提高对自然资源利用的效率；它可以提供保护生态环境和控制环境污染的有效手段；它可以加深人类对人与自然关系的理解；它可以有效地为可持续发展的决策提供依据与手段，促进可持续发展管理水平的提高。可持续发展科技系统的建设具体要求是坚定不移地贯彻科技强国战略；在政策、资金等环节加大对相关科技研发投入的力度；争取在关键技术上取得突破。

第四，可持续发展的教育系统建设。可持续发展要求人们有高度的知识水平，认识到人的活动对自然和社会的长远影响与后果，要求人们有高度的道德水平，认识自己对子孙后代的崇高责任，自觉地为人类社会的长远利益而牺牲一些眼前利益和局部利益。这就需要在可持续发展的能力建设中大力发展符合可持续发展精神的教育事业。可持续发展的教育体系应该不仅使人们获得可持续发展的科学知识，也使人们具备可持续发展的道德水平。这种教育既包括学校教育这种主要形式，也包括广泛的潜移默化的社会教育。

第五，可持续发展的公众参与能力建设。可持续发展的目标从横向看目标宏伟，涉及的具体目标广泛，包括当今所有国家及全人类的人口、资源、环境及生态；从纵向看涉及当代人和人类的子孙万代，是迄今为止人类历史上最伟大的工程。因此单靠某些国家的某些机构和团体的努力根本实现不了这一伟大的壮举，必须依靠全人类、所有的国家共同努力才能完成。公众对可持续发展的参与应该是全面的。公众和社会团体不但要参与有关环境与发展的决策，特别是那些可能影响到他们生活和工作的决策，而且更需要参与对决策执行过程的监督。

三、可持续发展战略的发展目标

通过国民经济结构战略性调整，完成从"高消耗、高污染、低效益"向"低消耗、低污染、高效益"转变。促进产业结构优化升级，减轻资源环境压力，改变区域发展不平衡，缩小城乡差别。

继续大力推进扶贫开发，进一步改善贫困地区的基本生产、生活条件，加强基础设施建设，改善生态环境，逐步改变贫困地区经济、社会、文化的落后状况，提高贫困人口的生活质量和综合素质，巩固扶贫成果，尽快使尚未脱贫的人口解决温饱问题，并逐步过上小康生活。

严格控制人口增长，全面提高人口素质，建立完善的优生优育体系和社会保障体系，基本实现人人享有社会保障的目标；社会就业比较充分；公共服务水平大幅度提高；防灾减灾能力全面提高，灾害损失明显降低。加强职业技能培训，提高劳动者素质，建立健全国家职业资格证书制度。

合理开发和集约高效利用资源，不断提高资源承载能力，建成资源可持续利用的保障体系和重要资源战略储备安全体系。

全国大部分地区环境质量明显改善，基本遏制生态恶化的趋势，重点地区的生态功能和生物多样性得到基本恢复，农田污染状况得到根本改善。

形成健全的可持续发展法律、法规体系；完善可持续发展的信息共享和决策咨询服务体系；全面提高政府的科学决策和综合协调能力；大幅度提高社会公众参与可持续发展的程度；参与国际社会可持续发展领域合作的能力明显提高。

四、可持续发展战略的指导原则

《中国21世纪可持续发展行动纲要》指出："持续发展，重视协调的原则。以经济建设为中心，在推进经济发展的过程中，促进人与自然的和谐，重视解决人口、资源和环境问题，坚持经济、社会与生态环境的持续协调发展。"

科教兴国，不断创新的原则。充分发挥科学技术作为第一生产力和教育的先导性、全局性和基础性作用，加快科技创新步伐，大力发展各类教育，促进可持续发展战略与科教兴国战略的紧密结合。

政府调控，市场调节的原则。充分发挥政府、企业、社会组织和公众四方面的积极性，政府要加大投入，强化监管，发挥主导作用，提供良好的政策环境和公共服务，充分运用市场机制，调动企业、社会组织和公众参与可持续发展。

积极参与，广泛合作的原则。加强对外开放与国际合作，参与经济全球化，利用国际、国内两个市场和两种资源，在更大空间范围内推进可持续发展。

重点突破，全面推进的原则。统筹规划，突出重点，分步实施；集中人力、物力和财力，选择重点领域和重点区域进行突破，在此基础上，全面推进可持续发展战略的实施。

五、可持续发展取得的成就和存在的问题

（一）可持续发展取得的成就

经过十几年的努力，我国实施可持续发展取得了举世瞩目的成就。《行动纲要》对这一非凡成就进行了高度概括。

经济发展方面。国民经济持续、快速、健康发展，综合国力明显增强，国内生产总值已超过10万亿元，成为发展中国家中吸引外国直接投资最多的国家和世界第六大贸易国，人民物质生活水平和生活质量有了较大幅度的提高，经济增长模式正在由粗放型向集约型转变，经济结构逐步优化。

社会发展方面。人口增长过快的势头得到遏制，科技教育事业取得积极进展，社会保障体系建设、消除贫困、防灾减灾、医疗卫生、缩小地区发展差距等方面都取得了显著成效。

生态建设、环境保护和资源合理开发利用方面。国家用于生态建设、环境治理的投入明显增加，能源消费结构逐步优化，重点江河水域的水污染综合治理得到加强，大气污染防治有所突破，资源综合利用水平明显提高，通过开展退耕还林、还湖、还草工作，生态环境的恢复与重建取得成效。

可持续发展能力建设方面。各地区、各部门已将可持续发展战略纳入了各级各类规划和计划之中，全民可持续发展意识有了明显提高，与可持续发展相关的法律法规相继出台并正在得到不断完善和落实。

（二）我国在实施可持续发展战略方面面临的矛盾和问题

成就是喜人的、举世瞩目的，但这不是重点，我国的可持续发展战略仍然有很长的道路要走。关于这个问题，《行动纲要》也高度提炼精准指出。

制约我国可持续发展的突出矛盾主要是：经济快速增长与资源大量消耗、生态破坏之间的矛盾，经济发展水平的提高与社会发展相对滞后之间的矛盾，区域之间经济社会发展不平衡的矛盾，人口众多与资源相对短缺的矛盾，一些现行政策和法规与实施可持续发展战略的实际需求之间的矛盾等。

亟待解决的问题主要有：人口综合素质不高，人口老龄化加快，社会保障体系不健全，城乡就业压力大，经济结构不尽合理，市场经济运行机制不完善，能源结构中清洁能源比重仍然很低，基础设施建设滞后，国民经济信息化程度依然很低，自然资源开发利用中的浪费现象突出，环境污染仍然很严重，生态环境恶化的趋势没有得到有效控制，资源管理和立法与环境保护实施还存在不足。

随着经济全球化的不断发展，国际社会对可持续发展与共同发展的认识不断深化，行动步伐有所加快。我国应充分发挥社会主义市场经济体制的优越性，进一步发挥政府在组织、协调可持续发展战略中的作用，正确处理好经济全球化与可持续发展的关系，进一步积极参与国际合作，维护国家的根本利益，保障我国的国家经济安全和生态环境安全，促进我国可持续发展战略的顺利实施。

第六章　贯彻落实科学发展观

科学发展观是以邓小平理论和"三个代表"重要思想为指导，从新世纪新阶段党和国家事业发展全局出发提出的一个重大战略思想，科学发展观有着十分丰富深刻的内涵，是"三个代表"重要思想的具体体现。

科学发展观，是胡锦涛在2003年7月28日的讲话中提出的"坚持以人为本，树立全面、协调、可持续的发展观，促进经济社会和人的全面发展"，按照"统筹城乡发展、统筹区域发展、统筹经济社会发展、统筹人与自然和谐发展、统筹国内发展和对外开放"的要求推进各项事业的改革和发展的一种方法论，也是中国共产党的重大战略思想。在中国共产党第十七次全国代表大会上写入党章，成为中国共产党的指导思想之一。

第一节　科学发展观的提出

2003年10月召开的中国共产党十六届三中全会提出了科学发展观，并把它的基本内涵概括为"坚持以人为本，树立全面、协调、可持续的发展观，促进经济社会和人的全面发展"，坚持"统筹城乡发展、统筹区域发展、统筹经济社会发展、统筹人与自然和谐发展、统筹国内发展和对外开放的要求"。

一、科学发展观提出的背景

很多人有这样一种感觉，"只要一谈到发展，其行为主体除了人之外其他似乎都不可能担当，这是一个以人的全面发展为主线的社会整体进化，它远远超过了满足人类生存这一简单的道德诉求。"[①]由此出发，其合理的顺延就逐渐地形成了"科学发展观"产生的源头。联合国教科文组织在20世纪90年代就认为："发展越来越被看作是社会灵魂的一种觉

① 牛文元：《可持续发展理论的基本认知》，《地理科学进展》2008年第5期。

醒。"而可持续发展思想的生成，正是以上述发展概念的拓展为基础的。

21世纪，中国的发展进程不可避免地遭遇到如下的六项基本挑战："人口三大高峰（即人口总量高峰、就业人口总量高峰、老龄人口总量高峰）相继来临的压力；能源和自然资源的超常规利用；加速整体生态环境'倒U型曲线'的逆转；实施城市化战略的巨大压力；缩小区域间发展差距并逐步解决三农问题；国家可持续发展的能力建设和国际竞争力的培育。"①

所有这些挑战的消解，其实质都在催促着"如何全面实现小康社会目标"这个总主题。上述这些成为严重制约中国未来发展的挑战，也只能在实现国家"全面、协调、可持续发展"科学发展观的指导下，才能得到真正有效地克服。

二、科学发展观的理论核心

科学发展观的理论核心，紧密地围绕着两条基础主线：其一，努力把握人与自然之间关系的平衡，寻求人与自然的

---

① 李毅：《我国人口：三大高峰五大难题》，《绿色中国》2005年第4期。

和谐发展及其关系的合理性存在。同时，我们必须把人的发展同资源的消耗、环境的退化、生态的威胁等联系在一起。其实质就体现了人与自然之间关系的和谐与协同进化。

其二，努力实现人与人之间关系的协调。通过舆论引导、伦理规范、道德感召等人类意识的觉醒，更要通过法制约束、社会有序、文化导向等人类活动的有效组织，去逐步达到人与人之间关系（包括代际之间关系）的调适与公正。

归纳起来，全球所面临的"可持续发展"宏大命题，从根本上体现了人与自然之间和人与人之间关系的总协调。有效协同"人与自然"的关系，是保障可持续发展的基础；而正确处理"人与人"之间的关系，则是实现可持续发展的核心。

第二节　科学发展观的主要内容

科学发展观是以胡锦涛为核心的中央领导集体在新时代新背景新情况下，对马克思主义发展观与中国实践相结合的新的理论成果，是"解放思想、实事求是、与时俱进"的继承发展的重大理论成果，其内涵十分丰富。

一、科学发展观的本质是以人为本

以人为本，就是一切从人民群众的需要出发，促进人的全面发展，实现人民群众的根本利益。以人为本是科学发展观的核心和本质，是一切工作的出发点和归宿。

不断满足人民群众日益增长的物质文化需要，不仅要满足物质生活需要，而且要满足精神文化需要。在满足生存需要的基础上，还要满足安全、享受和发展的需要。在提高生活水平的同时，还要不断改善生活质量，改善生活的环境和条件。要关注全体人民的需要，最终实现共同富裕。

充分发挥人民的聪明才智，要不断提高人的思想道德素质、科学文化素质和身体健康素质，促进人的全面发展。人才资源是第一资源，要尊重劳动、尊重知识、尊重人才、尊重创造，充分发挥人民群众的积极性、主动性、创造性。要加大对人力资本的投入，努力为人人都能成才创造良好环境和平等机会，充分发挥人力资源的作用，推动经济社会发展。

保障人民的政治、经济和文化权益。把坚持党的领导、人民当家作主和依法治国有机统一起来。健全民主制度，丰富民主形式，逐步扩大公民有序的政治参与，保证人民依法实行民主选举、民主决策、民主管理和民主监督，让人民群众享有广泛的权利和自由，尊重和保障人权。保障人民在教育、就业、收入、财产和发明创造等方面的合法权益。

二、科学发展观以促进人的全面发展为根本目的

历史唯物主义认为，人是社会历史活动的主体，人民群众是历史的创造者，是推动社会发展的决定性力量。作为社会的、现实的人，既是唯物史观主张的价值主体，也是唯物史观考察的历史主体，以人为本是唯物史观的基本立场。

马克思和恩格斯在创立唯物史观时就从"现实的、活生生的人"出发，发现了"一个简单的事实"，即人们首先必须吃喝住穿，然后才能从事政治、科学、艺术、宗教等活动，所以人类要做的第一件事便是物质生活资料的生产。按照他们的科学构想，未来的新社会将是"以每个人的全面而自由的发展为基本原则的社会形式"，"在那里，每个人的自由发展是一切人的自由发展的条件"。可见唯物史观就是关于现实的人及其历史发展的科学，以人为本是唯物史观的

基本思想。

用以人为本的科学发展观来衡量，不难发现过去某些地方和某些领域出现的若干偏差：重经济增长，轻社会进步；重发展速度，轻生态效益；重物质成果，轻人本价值，诸如此类。要实现全面建设小康社会的宏伟目标，就必须坚决纠正这类偏差，牢固树立以人为本的科学发展观。在考察和处理发展问题时，不仅要重视经济增长，也要重视社会进步和生态发展；不仅要重视物质文明建设，也要重视政治文明和精神文明建设；不仅要重视发展速度，也要重视社会公平和人的发展。要把促进人的全面发展作为根本目的，不断满足人民群众日益增长的物质文化需要，切实保障人民群众的各项实际利益，让全体人民共享经济社会发展的丰硕成果。

三、科学发展观是马克思主义的发展观

科学发展观是以胡锦涛为核心的第四代中央领导集体坚持"解放思想、实事求是、与时俱进"而取得的重大理论成果，是马克思主义中国化的新的理论成果，是马克思主义的发展观。要树立和落实科学发展观，就必须坚持马克思主义的基本理论，澄清在发展问题上的一些模糊认识。坚持马克

思主义的社会形态理论，统筹经济社会协调发展。

马克思主义的社会形态理论认为，"社会存在决定社会意识，生产力决定生产关系，经济基础决定上层建筑，物质文明决定政治文明、精神文明。同时，社会意识对社会存在，生产关系对生产力，上层建筑对经济基础，政治文明、精神文明对物质文明也具有制约和反作用"[1]。根据这一理论，既要看到经济增长对整个社会发展的决定性作用，也要看到上层建筑对经济基础的反作用，坚持统筹兼顾的方针，坚持经济社会协调发展。

坚持马克思主义的自然辩证法理论，实现人与自然和谐相处和可持续发展。自然辩证法认为，人是自然界的一部分，人与自然的关系是相互依存的辩证关系；物质生产活动是在一定的自然环境中进行的，是人与自然界进行物质变换的过程。因此，人类必须正确认识和利用自然规律，否则将遭到自然界的报复。根据这一理论，在开发自然资源、进行经济建设的过程中，必须遵循自然规律、保护生态环境，努力实现人与自然的和谐相处，以保障经济社会的可持续发展。

---

① 陈先达：《马克思主义的社会形态理论与和谐社会的构建》，《马克思主义研究》2006年第9期。

四、科学发展的原则

科学发展观，不仅是我国当前统领经济社会发展全局的重要指导思想，而且也是实现全面建设小康社会宏伟目标必须长期坚持的重要指导思想。

第一，坚持发展的全面性。坚持发展的全面性要求各级党委和政府在今后的工作中必须在坚持以经济建设为中心的基础上，全面推进经济、政治、文化、社会和生态建设的各项事业发展，使经济更加发展、民主更加健全、科技教育更加进步、文化更加繁荣、社会更加和谐、人民生活更加殷实。

第二，坚持发展的协调性。协调发展，就是要努力做到"五个统筹"，即统筹城乡发展、统筹区域发展、统筹经济社会发展、统筹人与自然和谐发展、统筹国内发展和对外开放。

第三，坚持发展的可持续性。可持续发展，就是要促进人与自然的和谐，实现经济发展与人口、资源、环境相协调，坚持走生产发展、生活富裕、生态良好的文明发展之路，保证一代接一代地永续发展。

第三节　科学发展观体系的特征

在科学发展观指导下的国家战略，有着十分坚实的理论基础和丰富的哲学内涵。面对实现我国战略目标所规定的内容，各个地区都要根据自己的国情和具体条件，去制定实施战略目标的方案和规划，从而组成一个完善的战略体系，在理论上和实践上去寻求国家战略实施过程中的答案。

一、科学发展观体系的特征

以人为本的科学发展观，就其特征，有关专家学者进行了积极的理论探索[①]：

第一，突出人类利益的主体性。科学发展观坚持了马克思主义关于主客体辨证统一关系的原理，体现了人类利益的主体性与自然社会发展的客体性的统一。科学发展观追求的是自然环境、经济、社会的协调发展，它要解决的是人类无限发展的需求与自然资源有限性这样一对基本矛盾。因此，

----

① 以下论述主要来自：耿明俊、胡令启：《科学发展观的基本特征》，《理论前沿》2004年第13期。

科学发展观的着眼点在于对自然环境的呵护，而它最终关怀的是人的生存和发展问题。只不过它不仅仅关怀人类现实的利益和发展，而更关怀人类未来的利益和发展。

第二，重视人民利益的至高性。以人为本的科学发展观突出强调最广大人民的根本利益具有至上性，在各种不同的社会利益层次中，居于最高层次。我国是人民当家作主的社会主义国家，国家利益与人民的利益在根本上是一致的。只有以人民的根本利益作为一切工作的出发点和归宿，才能体现社会主义国家发展生产力的目的，才能使最广大人民共享生产力发展的成果。

第三，强调发展的协调性。强调发展的全面、协调性，即强调发展在空间上的结构优化性。以人为本的科学发展观将人口、资源、环境、经济、社会视为密不可分的整体，充分考虑到系统和要素之间的内在联系和制约关系，以寻求大系统发展和保护的最佳平衡状态，追求人口、资源、环境、经济、社会的全面协调发展。

第四，保持发展的持续性。以人为本的科学发展观关注发展的可持续性，即关注发展在时间上的动态平衡性。从发展的历时性上看，人类社会是一个不断延续和发展的动态系统。当代社会只能以前人创造的文明成果为前提，同时又为未来的发展提供必要的基础。可持续发展观所主张的是人类的现实利益和长远利益相统一的、世世代代延续不绝的发展，是既满足当代人需要又不损害后代人满足其需要能力的发展，这是可持续发展观的基本宗旨和主要特征。

二、发展的科学度量

胡锦涛提出的科学发展观有着丰富的内涵，其中关于"发展"这个问题，有大量论述，特别是对发展的衡定，进行了高度概括。专家学者们研究科学发展观，提出发展的科学度量包括三个有机统一的本质反映与宏观识别。

第一，发展的动力表征：一个国家或地区的"发展能力"、"发展潜力"、"发展速度"及其可持续性，构成了推进国家或地区"发展"的动力表征。其中包括国家或地区的自然资本、生产资本、人力资本和社会资本的总和，以及对上述四种资本的合理协调、优化配置、结构升级以及对于创新能力和竞争能力的积极培育等。

第二，发展的质量表征："一个国家或地区的'自然进化'、'文明程度'和'生活质量'及其对于理性需求（包括物质的和精神的需求）的接近程度，构成了衡量国家或地区'发展'的质量表征。"[1]其中包括国家或地区物质支配水平、生态环境支持水平、精神愉悦水平和文明创造水平的综合度量。

第三，发展的公平表征：一个国家或地区的"共同富裕"程度及其对于贫富差异和城乡差异的克服程度，构成了国家或地区判断"发展"的公平表征。其中包括人均财富占有的人际公平、资源共享的代际公平和平等参与的区际公平的总和。

只有上述三大宏观识别同时包容在发展进程的不同阶段之中，存在的"发展形态"就具有了统一可比的基础，对于发展的追求才具备了可观控的和可测度的共同内容。

第四节　贯彻落实科学发展观的方法和意义

21世纪，中国不可避免地面临着重大挑战。从2003年"科学发展观"提出到2012年党的十八大将"科学发展观"

---

[1] 王丽华：《发展和谐文化与建设民族贫困地区新农村》，《中共云南省委党校学报》2007年第12期。

写入党章，这一过程的发展变化充分说明这一指导思想对现今的中国具有重大理论指导意义。因此，就"如何贯彻落实科学发展观"，中央领导高屋建瓴地指出其中的关键所在，有关专家学者们也就这个问题进行了深入的探讨和研究。

一、选择好贯彻落实科学发展观的突破口

树立和落实科学发展观，首先要找准突破口，努力实现五大转变：

其一，进一步转变发展观念。当前，存在于某些地区和部门领导干部头脑里的发展观念与科学发展观的要求还有较大差距。有的依然把"发展是硬道理"简单地理解为"增长是硬道理"，有的依旧把"以经济建设为中心"视为"以速度为中心"，有的不惜以牺牲资源、环境为代价追求产值，等等。这些情况表明，转变发展观念的任务仍然十分艰巨。

其二，进一步转变经济增长方式。走新型工业化道路，大力推进经济增长方式向集约型转变。第一是要以提高质量效益为中心；第二是要以节约资源、保护环境为目标，全面建设节约型社会；第三是要以科技进步为支撑。对于要实现以人与自然和谐为目标之一的中国和谐社会建设来说，以上

三点中第二点是重中之重，在提高质量效益的核心下，以科学技术为支撑，加大实施可持续发展战略的力度，大力发展循环经济，在全社会提倡绿色生产方式和文明消费，形成有利于低投入、高产出、少排污、可循环的政策环境和发展机制，完善相应的法律法规，最终实现和谐社会的目标建设。

其三，进一步深化经济体制改革。对此，中央领导高屋建瓴地指出："要着力推进以下几项改革：一是要深化财税、金融和投资体制等改革，从体制上解决产业结构趋同、增长方式粗放、低水平扩张的问题。二是要消除城乡分割的体制性障碍，有序推进农民向非农产业转移，引导生产要素在城乡间合理配置，加快城镇化进程，逐步解决城乡二元结构问题。三是要深化社会领域的改革，推进科学、教育、文化、卫生等体制改革，切实解决经济社会发展'一条腿长、一条腿短'的问题。四是要推进劳动就业和社会分配体制改革，完善社会保障体制，为解决收入差距问题创造条件。"

其四，进一步转变政府职能。有什么样的发展观就会有什么样的发展模式、发展战略，政府在其中发挥何种作用是不言而喻的，"以GDP论英雄"是不符合科学发展观要求的。因此，"要抓紧建立对工作实绩进行考核评价的新的指标体系，不应仅仅考察GDP的增长，还要同时考核城镇居民人均可支配收入、农民人均纯收入、环境保护和生态建设、扩大就业、完善社会保障等其他指标，引导各级干部树立正确的政绩观。"

其五，要进一步转变各级干部的工作作风。各级政府领导干部要切实弘扬"求真务实"的精神，克服主观主义、形式主义和官僚主义。要坚持党的群众路线，注意在实践中形成新思路，在群众中寻求新办法。要着力解决关系到人民群众切身利益的突出问题。把科学发展观真正地落到实处，才能真正有利于推进经济社会全面、协调、可持续地发展下去。

二、贯彻落实科学发展观的有效途径

第一，始终保持经济的良性增长。经济零增长或负增长不是良性增长，或者不顾一切条件的过快增长、过速增长，或者只考虑GDP指标，而忽视社会全面进步、资源与环境承载力的单纯的、片面的经济增长，均不符合良性增长的要求。良性增长是在综合考察现有条件下适度的、量力而行的经济增长；是在兼顾社会全面进步前提下的经济增长；是在资源、生态环境承受能力条件下的经济增长。

第二，全力提高经济增长的质量。在适度发展速度条件下必须重视经济增长的质量。为此必须转变发展观念，促进国民经济又好又快发展。

第三，满足"以人为本"的基本生存需求。"以人为本"应首先解决人的生存之本，通过发展改善人民群众基本的生存条件。当前最紧迫的任务是通过产业结构调整、实施全民创业工程，提供更多的就业渠道和岗位来解决就业问题；同时加快社会保障制度改革的步伐。只有人民群众的基本生存条件改善并逐步完善，才能进一步激发和调动全国人民投身到中国特色社会主义事业的伟大实践中，伟大的中国梦才能得以实现。

第四，调控人口的数量增长，提高人口的素质。必须毫不动摇地继续坚持"计划生育"的基本国策，巩固40年来计划生育取得的成果。在保持现有人口出生率及人口数量的前提下，逐渐实现人口自然增长率的"零增长"，使人口总量待达到峰值后开始缓慢下降。现阶段的主要任务是全面提高人口素质和健康水平，普及高中阶段教育和高等教育大众化，建立起高效的社会保障制度，大幅度提高人口城镇化水平，基本实现人口与经济、社会、资源环境的协调发展。

第五，维持、扩大和保护自然资源基础。地球的资源基础在可以预期的将来，仍然是供养世界人口生存与发展的唯一来源。因此必须从根本上实现经济发展方式的转变，厉行节约，通过科技创新手段提高资源的利用率，减少"三废"排放，研究和寻找新能源及可替代能源，提高经济发展的质量。

第六，集中关注科技进步对于发展瓶颈的突破。科技进步在可持续发展战略实施中，能够迅速把研究成果积极地转化为经济增长的推动力，并克服发展过程中的瓶颈，以此去达到可持续发展的总体要求。必须坚定不移地贯彻实施"科教兴国"战略，在政策上进一步加大对科技的投入和扶植力度，逐步建立和完善科学的创新机制和评估体制，促进科技成果尽快转化成现实生产力，将我们国家建设成一个创新性国家。

第七，始终调控环境与发展的平衡。科学发展观不赞成单纯为了经济增长而牺牲环境的容量和能力，也不赞成单纯为了保持环境而不敢能动地开发自然资源。二者之间的关系可以通过不同类型的调节和控制，达到在经济发展水平不断提高的同时，也能相应地将环境能力保持在较高的水平上。

三、贯彻落实科学发展观的意义

社会主义社会是物质文明、政治文明、精神文明和生态文明全面发展和全面进步的社会。不断促进社会主义物质文明、政治文明和精神文明的协调发展，是社会主义社会的本质要求，也是全面建设小康社会、构建和谐社会、开创中国特色社会主义事业新局面、实现中华民族伟大复兴的根本要求。胡锦涛曾发表重要讲话，指出："实现社会和谐，建设美好社会，始终是人类孜孜以求的一个社会理想，也是包括中国共产党在内的马克思主义政党不懈追求的一个社会理想。根据马克思主义基本原理和中国社会主义建设的实践经验，根据新世纪新阶段中国经济社会发展的新要求和中国社会出现的新趋势新特点，我们所要建设的社会主义和谐社会，应该是民主法治、公平正义、诚信友爱、充满活力、安定有序、人与自然和谐相处的社会。"

贯彻落实科学发展观对于构建社会主义和谐社会具有重大意义。科学发展观是从发展的角度求和谐，构建和谐社会是从和谐的角度促发展。社会发展和人的发展是相统一的过程。树立科学发展观，构建和谐社会，其出发点和立足点就是以人为本。而自然环境是人类生存的自然条件，实现人口、资源、环境、经济、社会五位一体的协调发展，对我国这样一个人口众多、资源相对不足的发展中国家更具有特殊的意义。

科学发展观与构建社会主义和谐社会这两大战略思想，是党在领导中国改革开放和现代化建设过程中的又一次理论创新。科学发展观是构建社会主义和谐社会的指导思想，本质上是和谐社会论；构建社会主义和谐社会是贯彻科学发展观的实践要求，是社会主义发展的必由之路；二者统一于中国特色社会主义的伟大实践之中。

第七章　全力建设生态文明

第一节　生态文明的由来

一、生态文明产生的背景

由于人类活动作用于周围环境引起的环境质量的变化，这种变化对人类的生产、生活与健康造成各种影响。人类在改造自然环境和构建社会环境的过程中，自然环境仍然以其固有的客观规律存在和变化着。社会环境以其固有的规律运动着，同时也受到自然环境的制约。所以，人类与环境不断地相互作用与影响，由此产生环境问题。

环境问题归纳起来大概可分为两大类：一类是自然演变和自然灾害引起的原生环境问题，也叫第一环境问题。例如地震、干旱、洪涝、台风、滑坡、泥石流等。另一类是人类活动引起的次生环境污染和环境破坏两大类。如过度放牧引起的草原退化、滥砍乱伐引起的森林植被的破坏、大面积开垦草原引起的沙漠化和土地沙化、工业生产造成的水环境破坏、大气恶化等。

就环境问题的阶段性表现看，人类社会早期的环境问题是因乱捕、乱采导致生物资源和生活资源缺乏，甚至出现饥荒，或者是因为用火不慎而烧毁大片草地和森林，迫使人类迁移。以农业为主的奴隶社会和封建社会的环境问题主要出现在人口较集中的城市，居民和手工业作坊所抛弃的各种生活垃圾，曾经出现过环境污染。工业革命以后，20世纪50年代的环境问题：一是出现了大规模的环境污染，局部地区产生的污染甚至导致一些公害病和重大公害病的出现；二是自然环境的破坏，造成资源稀缺甚至枯竭，开始出现区域性生态平衡失调现象。当前世界的环境问题具有环境污染出现范围扩大、危害严重、难以预防的特点。自然资源和自然环境难以承受高速城市化和人口剧增、高速工业化的巨大压力，世界自然灾害显著增加，日本水俣病事件就是一件典型案例。从1949年起，位于日本熊本县水俣镇的日本氮肥公司开始制造两种化学制剂。由于制造过程要使用汞的催化剂，大量的汞便随着工厂未经处理的废水被排放到了水俣湾。

1954年，水俣湾开始出现一种病因不明的怪病，称为"水俣病"，患病的是猫和人，病症是手足变形、抽搐、精神失常、身体弯弓高叫，直至死亡。经过近十年的分析，科学家才确认：工厂排放的废水中的汞是"水俣病"的起因。日本氮肥公司排放的废水中含有大量的汞，当汞离子在水中被鱼虾摄入体内后转化成甲基汞，这种物质通过鱼虾进入人体和动物体内，侵害脑部和身体的其他部位，引起脑萎缩、小脑平衡系统被破坏等多种危害。在日本，食用了水俣湾中被甲基汞污染的鱼虾的人数高达数十万。

文明是人类在历史发展中创造的积极成果的总和，标志着人类的开化状态和进步程度。从人类懂得钻木取火、打造石器、制弓狩猎开始，就进入了文明时代。原始文明与农业文明时期，人类与自然保持着和谐共处的关系，大自然是人类赖以生存的物质基础与资源宝库。人类进入工业文明时代以来，科学技术这把双刃剑把人类和自然的这种和谐状态扰乱，人类短短两百多年的时间里创造的物质财富要比过去所有世纪创造的物质财富总和还多。但同时在这两百多年里，人类对生存环境的危害要远远超出过去所有世纪造成的危害，甚至可以说，已经威胁到人类及其后代子孙的生存状态。

二、生态文明的提出

生态文明是人类在全面反思工业文明社会的发展得失而提出来的新思想，人类不再陶醉于用科学技术改造自然取得的胜利成果。以高度重视生态的意识、实现经济可持续的发展、建立公正合理的社会制度为特征的生态文明是人与自然、人与社会、自然与社会的和谐、协调发展的文明，是自然权利受到尊重的文明。生态文明要改变以往以破坏生态系统为代价获得文明发展的成果，使新的文明全面体现出人文与自然的和谐。我们不仅要追求社会经济的增长，而且还要促进生态的进步，形成人类与自然协同进化，经济、社会与生物圈协同进化的新格局。文明的转折归根到底是人的转变，因为一个新的文明形态的出现总是需要人的努力和奋斗，所以生态文明对人的思维方式、生产方式及消费方式等都提出了客观要求。

如今地球人口膨胀、环境污染严重、资源能源濒临枯竭。科技的快速发展已经使地球不堪重负，人类正陷入生存危机之中。从20世纪60年代末70年代初开始，西方国家爆发了一场新的社会运动，即生态运动。这场运动发展迅速，很快扩展到全球，引起国际社会的广泛关注。

1972年联合国在斯德哥尔摩召开人类环境会议，这是世界各国政府共同讨论生态环境问题、探讨生态保护全球战略的第一次国际性会议，标志着生态环境问题开始列入人类发展的日程。1980年3月，联合国大会第一次正式使用"可持续发展"一词。1983年11月，联合国成立了世界环境与发展委员会。联合国要求，该委员会要以"可持续发展"作为基本纲领，制定"全球的变革日程"。该委员会于1987年将论证的报告《我们共同的未来》提交给联合国，报告系统地提出了可持续发展的战略，标志着可持续发展观的正式诞生。在经济发展矛盾重重、全球环境日益恶化的背景下，联合国环境与发展大会于1992年6月在巴西的里约热内卢召开会议。会议通过并签署了《里约热内卢环境与发展宣言》、《21世纪议程》等重要文件。这次会议对工业革命以来的"高消费"、"高生产"、"高污染"的传统发展模式及"先污染、后治理"的方法给予了否定，可持续的发展概念被给予了肯定。

我国的生态环境保护和生态文明建设事业起步于20世

纪70年代。1972年在时任国务院总理周恩来的倡导下，中国政府参加了斯德哥尔摩人类环境会议；1973年8月在中国北京召开了第一次全国环境保护会议；1979年，中国通过了第一部关于环境保护的法律《中华人民共和国环境保护法》；1984年国务院成立环境保护委员会；1993年全国人大常委会成立了环境资源委员会；1994年中国颁布了《中国21世纪日程》，这是中国政府根据1992年召开的联合国环境与发展大会的精神制定的，从中国的基本国情出发，提出了促进经济、环境、资源以及教育、人口相互协调、可持续发展的总体政策和战略措施。它是世界上第一个国家级的"21世纪行动计划"。1996年，为进一步落实我国环境保护的基本国策，实施可持续发展的战略，制订了《中华人民共和国国民经济和社会发展"九五"计划和2010年远景目标纲要》，提出到2000年使环境污染和生态破坏趋势得到基本控制的目标。2001年，中国正式加入WTO，标志着中国在世界环境与贸易领域开始发挥建设性作用；2003年，党的十六届三中全会正式提出科学发展观的重要思想，以人为本、人与自然和谐相处成为科学发展观的主要内容；2005年，为全面落实科学发展观，把环境保护摆在更加重要的位置，国务院又作出了《关于落实科学发展观加强环境保护的决定》，该决定提出了遏制生态退化和加强环境保护的基本目标；2006年，《中华人民共和国国民经济和社会发展"十一五"纲要》中明确提出"落实节约资源和保护环境基本国策，建设低投入、高产出、低消耗、少排放、能循环、可持续的国民经济体系和环保友好型、资源节约型社会"。

2007年10月15日，胡锦涛在中国共产党第十七次代表大会的政治报告中明确提出了生态文明的概念，并从产业结构、消费模式、增长模式及发展观念等方面对生态文明建设做出了具体要求。

第二节 生态文明的含义

一、生态文明的内涵

"生态"一词源于古希腊语，最早的意思是房屋、家庭，19世纪中叶以来被赋予了现代科学的意义，主要指生物之间以及生物与环境之间的相互关系与存在状态，是动物、植物和自然物共同生存和发展的空间。如今，生态学已经渗透到各个领域，"生态"涉及的范围也越来越广，人们常常用"生态"来定义许多美好的事物，如健康的、美的、和谐的事物均可冠以"生态"修饰。当然，不同文化背景的人对"生态"的定义会有所不同，多元的世界需要多元的文化，正如自然界的"生态"所追求的物种多样性一样，以此来维持生态系统的平衡发展。

"文明"一词在西方的语言体系中是古希腊"城邦"的代称。1961年法国的《世界百科全书》指出，文明一词的用法很多，主要指"社会的高度发达"、"开化的社会"、"文明的事业"等。1964年出版的《英国大百科全书》指出，"文明的内容包括道德、语言、宗教、艺术和人类思想与理想的表述"。

"文明"一词在中国古代书籍中早有记载。在《周易乾文言》中记载："见龙在田，天下文明。"此句赋予了文明以物质和精神的属性。"唐代的经学家孔颖达说：'经天纬地曰文，照临四方曰明。'意思是说先王构建了一个天地间属于人类的世界，人类的生存环境从此文明起来。"①简言

①刘文英：《儒家文明—传统与传统的超越》，南开大学出版社1999年版，第102页。

之，人类社会的开化程度和进步状态就是文明。从人类社会实践活动来讲，文明则是人类改造大自然、改造社会和改造自我的成果的总和，是人类社会进步的一个重要标志。

生态文明是由生态和文明两个概念构成的复合概念。生态文明可以从狭义和广义来理解。从狭义上讲，生态文明是指文明的一个方面，是人类文明不可或缺的组成部分。生态文明与物质文明、政治文明、精神文明共同构成文明的整体，它们互为条件，不可分割，协调统一发展，相互促进和制约，只有这样的文明体系才是完整而全面的体系。关于这个问题，学者潘岳在他的文章《论社会主义生态文明》中进行了概括："在四大文明体系中，生态文明是基础和根本，只有健康的生态文明，才有健康的物质文明、精神文明、政治文明。物质文明、精神文明和政治文明也离不开生态文明，如果生态系统不能持续提供资源、能源和清洁的空气、水等环境因素，物质文明的持续发展就失去了载体和基础，精神文明和政治文明的内涵也无法全面持续发展。没有良好的生态条件，人类既不能有高度的物质享受，也不可能有高度的政治享受和精神享受。没有生态安全，人类自身就会陷入最深刻的生存危机。"

"从广义来讲，生态文明是人类存在的基本方式，即人类在处理与自然的关系时所达到的文明程度。"[①]生态文明既是一种社会发展的模式，同时它也预示着生产方式的变化。生态文明涵盖了全部人与人的社会关系和人与自然的关系，涵盖了社会和谐和人与自然和谐的全部内容。简而言之，生态文明是指人类遵循人、自然、社会和谐发展这一客观规律而取得的物质与精神成果的总和，是以人与自然、人与人、人与社会和谐共生、良性循环、全面发展、持续繁荣为基本宗旨的文化伦理形态。它涉及人、自然、社会以及政治、经济、文化、道德、伦理等各个领域。

通过以上对生态文明的解读，生态文明在广义上理解为人类生存的载体，即人类存在的基本方式，它涵盖了人与人的社会关系和人与自然的关系的全部内容。所以，生态文明既与人类的物质文明密切相关，又与人类的精神文明关系密切。

尽管生态文明在历史发展过程中存在着差异性，就全球而言，生态文明也是刚刚萌芽，但其建设的重要性和必然性都得到了各国政府的充分重视。一些发达国家在生态文明的

---

① 沈国明：《21世纪生态文明环境保护》，上海人民出版社2005年版，第134页。

物质建设方面已取得了较快的发展；一些国家在思想认识、价值观上也有了可喜的进展，如：我国政府已认识到生态文明建设的重要性和必要性，把"建设生态文明"提到兴国之本、强国之基、富民之策的高度上来认识。工业文明已经从兴盛走向衰亡，完成了它的历史使命，生态文明将逐渐取代工业文明，成为未来社会的主要文明形态。

"生态文明是人类在发展物质文明过程中保护和改善生态环境的成果，它表现为人与自然和谐程度的进步和人们生态文明观念的增强。"[1]搞好生态文明建设，首先应搞清生态文明的基本内涵和生态文明建设的几个层面。

第一，生态文明作为一种独立的文明形态，是一个具有丰富内涵的系统，可以分为四个层面。第一个层面是意识文明，是要解决人们的哲学世界观、方法论与价值问题，从而指导人们的实践。生态文明意识主要包括树立人与自然同存共荣的自然观，建立经济、社会、自然相协调的可持续发展观和选择健康、适度消费的生活观。第二个层面是行为文明，是要人类改变过去那种高消费、高享受的消费观念与生活方式，以环境资源承载力为基础，以自然规律为准则，以

---

[1] 陈寿朋：《略论生态文明建设》，《人民日报》2008年1月8日。

实用节约为原则，以适度消费为特征，以满足人的基本生活需要为标准，崇尚精神和文化的享受，构建一个环境友好型社会。第三个层面是制度文明，用以规范和约束人们的生态文明行为。第四个层面是产业文明，是指生态产业的建设，它是生态文明建设的物质基础。

第二，生态文明建设，不同于传统意义上的污染控制和生态恢复，而是要避免工业文明的弊端，探索资源节约型、环境友好型发展道路的过程，是延伸到经济社会各个领域的思想意识建设和物质文化建设。从这一角度出发，生态文明建设包括以下几个层面：第一，生态文明建设的经济层面，包括第一、二、三产业和其他经济活动的"绿色化"、无害化以及生态环境保护产业化。因而，必须大力发展循环经济，实施清洁生产，增强环保产业的职业责任意识。第二，生态文明建设的政治层面，是指党和政府要重视生态问题，把解决生态问题、建设生态文明作为贯彻落实科学发展观和构建和谐社会的重要内容。因此，必须树立正确的发展观和生态观，加强生态法制建设，重视生态行政建设，推进生态民主建设。第三，生态文明建设的文化层面，是指一切文化活动及指导我们进行生态环境创造的一切思想、方法、组织、规划等意识和行为都必须符合生态文明建设的要求。因此，必须树立生态文化意识，注重生态道德教育，加强生态文化建设。第四，生态文明建设的社会层面，是指要重视和加强社会事业建设，推动人们生活方式的革新。因此，必须创造良好的社会生活环境，优化生活环境，实现人口良性发展，实现消费方式的生态化。

二、国外生态文明的理论

西方学者关于生态文明的思想主要有后工业社会、后现代主义、生态现代化、后工业文明等不同提法。"美国的学者查伦·斯普瑞雷纳克提出，她所倡导的'生态后现代主义'与孔子强调培养道德领袖及人类对生命共同体的责任感有共同之处。"[①]美国学者莱斯特．R．布朗指出："人类的文明已经陷入了危机，必须用可持续发展的道路来取代现存的经济模式，从而更好地创造未来。"[②]

美国学者丹尼尔·贝尔是最早提出后工业社会的学者之

---

① [美]查伦·斯普瑞雷纳克：《真实之复兴：极度现代的世界中的身体、自然和地方》，张妮妮译，中央编译出版社2001年版，第4、5页。
② [美]莱斯特．R．布朗：《B模式2.0：拯救地球，延续文明》，林自新等译，东方出版社2006年版，第1页。

一。他把社会划分成前工业社会、工业社会、后工业社会。"后工业社会"的概念强调，理论知识的中心地位是新技术、经济增长和社会阶层的一个中心轴。"后工业社会的概念不能完整地描绘出社会秩序，它是描述和说明社会上社会结构中轴变化的一种尝试。"①虽然后工业社会的概念没有直接论述出生态文明的确切含义，但从更广泛的意义上讲，生态文明的理论特征涵盖了后工业社会的特征。俄罗斯学者伊诺泽姆采夫用马克思主义理论的视角，敏锐地提出后工业社会的后经济性。他认为"后工业社会不是工业社会的'量的扩展'，而是人类文明的一次重要历史性的转折。他认为，生态问题的尖锐性大大降低，也是后工业主义最伟大的成就之一。"②

美国著名未来学家阿尔温·托夫勒、海蒂·托夫勒指出，以科技信息革命驱动的第三次浪潮，正在彻底地改观建立在工业革命之上的现代文明。这一革命性的变迁无疑将波及人类生活的所有领域，从而展现一个崭新的文明。这个新的文明给人们带来了全新的生活方式，它为我们制定了新的

---

① [美]丹尼尔·贝尔：《后工业社会的来临——对社会预测的一项探索》，高铦等译，新华出版社1997年版，第124、132页。

② [俄]B．JI．伊诺泽姆采夫：《后工业社会与可持续发展问题研究》，安启念等译，中国人民大学出版社2004年版，第12、13、129页。

行为准则，并使我们超越标准化、同步化和集中化，超越能源、货币和权力的集聚化。

20世纪80年代，德国的马丁·杰内克、约瑟夫·胡伯等学者提出的生态现代化理论，已经成为发达国家建立生态环境社会的一个主要理论。它要求采用预防和创新原则，推动经济增长与环境退化脱钩，实现经济与环境的双赢。"生态现代化是一种利用人类智慧去协调经济发展和生态进步的理论，以工业生态学为核心概念，以可持续发展为重要目标，通过协调经济与环境的关系，不仅促进经济和生态可持续发展，而且为可持续发展提供了理论框架。"①

三、我国学者谈生态文明

在我国，学者们对生态文明也有多种不同的理解。俞可平认为，生态文明就是人类在改造自然以造福自身的过程中为实现人与自然之间的和谐所作的全部努力和所取得的全部成果，它代表着人与自然相互关系的进步状态。生态文明既包括人类保护自然环境和生态安全的意识、法律、制度、政

---

① 黄海峰、刘京辉等：《德国循环经济研究》，科学出版社2007年版，第326页。

策，也包括维护生态平衡和可持续发展的科学技术、组织机构和实际行动。如果从原始文明、农业文明、工业文明这一角度来观察人类文明形态的演变发展，那么，生态文明作为一种后工业文明，是人类社会一种新的文明形态，是人类迄今最高的文明形态。

有学者认为，生态文明就是在深刻反思工业化沉痛教训的基础上，人们认识和探索到的一种可持续发展理论、路径及其实践成果。可以说，"生态文明是对农耕文明、工业文明的深刻变革，是人类文明质的飞跃，是人类文明史的一个新的里程碑。它不只是生态、环境领域的一项重大研究课题，还是人与自然、发展和环境、经济与社会、人与人之间关系协调、发展平衡、步入良性循环的理论与实践，是人类社会跨入一个新时代的标志"[①]。

第三节　生态文明的特点

如今，人类正在从工业文明向生态文明过渡和转型。生

———————

[①] 俞可平：《科学发展观与生态文明》，华东师范大学出版社2007年版，第18页。

态文明已经成为我国社会、经济、文化、环境等领域内具有共同指导作用的一个重要治国理念。充分认识和分析生态文明的主要特点，对顺利实现生态文明的目标，对逐步纠正一切不符合生态文明要求的思想观念和政策制度，具有重要意义。

一、生态文明的自律调节性

与以往的工业文明和农业文明一样，生态文明也是要以发展生产力为基础，以提高居民的物质生活水平为目的。区别在于，生态文明强调要按照生态环境的客观规律改造和利用自然，尊重和保护自然环境。生态问题的根源在于人类自身，在于人类的发展与活动。在处理人与自然的关系时，关键在于人，在于人的生态文明意识，在于人能否自觉进行生态环境保护。生态文明就是要求人进行自律，能主动调整和修正自己的错误，及时改善与自然的关系，节制人类自身的欲望。只有尊重自然、保护生态环境、遵循自然发展规律，才能实现人与自然界的协调发展。

二、生态文明的和谐与公平性

生态文明旨在增进和谐，和谐就意味着和睦相处，和平共生。生态文明是人与人、人与自然、人与社会和谐共生的文化理论形态，是和谐发展客观规律而取得的物质与精神成果，人与自然的和谐是自然环境的福祉，更是人类自己包括子孙后代的福祉。这充分体现了人与自然间的公平、当代人之间的公平、当代人与后代人之间的公平。当代人更不能肆意挥霍资源、践踏环境，必须要给子孙后代留下一个生态良好、可持续发展的环境与地球。正如邓小平1982年为全军植树造林总结表彰大会的题词所言："植树造林，绿化祖国，造福后代。"

三、生态文明的全面可持续性

马克思指出："人靠自然界生活。这就是说，自然界是人为了不致死亡而必须与之相处和持续不断地相互作用的载体。所谓人的肉体生活和精神生活同自然界相联系，不外是说自然界同自身相联系，因为人是自然界的一部分。"学者张光义在《生态文明的概念、特征与基本内容》一文中予以解读："人类与自然界是一个统一的整体。生态文明是保障可持续性发展的关键，没有可持续的生态环境就没有人类的可持续发展，保护生态就是保护可持续发展能力，改善生态就是提高可持续发展能力。只有坚持搞好生态文明建设，才能有效应对全球化带来的新挑战，实现经济社会的可持续发展。"只有实现生态文明，才能使人口、环境与社会生产力协调发展，使经济建设与资源、环境循环发展，保证人类世世代代永续发展。

四、生态文明的整体多样性

地球是一个有机系统，其中的无机物、有机物，消费者、生产者之间时刻存在着信息、物质、能量的变换。所以说生态问题是全球性的，生态文明要求我们要用全球的眼光、整体的角度来思考问题。另外，生态文明与精神文明、物质文明和政治文明也是密不可分的统一体。自然生态系统具有多样性，在人与自然的关系中，一定要尊重、保护好生态的多样性。强调人、社会、自然的多样性存在，强调人与自然公平、物种之间的公平，承认地球上每个物种都有其存在的价值。建设生态文明，始终要以一种宽阔的胸怀关怀自然界中的万物，保护自然界本身的多样性和丰富性。

第四节　生态文明的意义

一、生态文明是实现社会经济良性发展的重要前提

生态文明是对传统经济发展模式的理性反思和回归，它将发展的经济变量与社会综合指标结合起来，将短期与长期结合起来，将局部与整体结合起来，强调人与人、人与资源及环境的协同发展。生态文明着眼于未来，着眼于全局，着眼于质量。树立生态文明意识对实现社会经济良性发展具有重要意义。

第一，生态文明意识催生新的思想观念。长期以来，人们在思想上的一个误区就是认为发展就是发展经济，只要经济发展上去了，付出些资源和环境代价是值得的、无足轻重的。为此，一些地方政府将GDP作为考核官员政绩的唯一指标，而忽视了资源的合理利用，忽视了环境保护和生态维护。其结果是经济发展上去了，但资源遭到了严重浪费，生态环境遭到了严重破坏。要使社会经济获得全面和谐发展，

就应彻底放弃资源无限、环境容量无限的幻想，以科学发展观统筹经济发展，走出单纯追求经济增长的误区，实现思想认识和经济实践上的根本变化。

第二，生态文明意识催生新的生产观念，即产品的经济效益、环境效益与社会效益并重。企业为了长远的未来，就必须考虑其生产给环境带来的危害和破坏，必须千方百计进行新技术研发，淘汰原有污染型的生产工艺和设备，采用清洁生产工艺和技术，生产出更多更好的生态产品。在产品成本核算时，要考虑到生态成本、环境成本。

第三，生态文明意识指导经济政策的制定。各级政府在制定经济社会发展政策时，必须将经济、社会发展目标统一起来，将减排节能目标、环保目标、生态维护目标考虑进去；改变现行的官员考核评价体系，确立绿色考核评价体系。

第四，生态文明意识规范人们的行为。在人类陷入全球性资源短缺、生态危机的今天，人们的生态文明意识逐渐觉醒。在这种背景下，迫使人们不得不对自己的行为进行反思，从而改变自己的行为。越来越多的企业开始规范自己的生产经营行为，不再肆意捕捞、滥采乱挖、肆意排放"三废"；越来越多的人们在日常消费时注意购买和使用节能环保的产品。

二、生态文明是人类发展观念的一次重大转变

生态文明是人类文明发展史上的一次革命性的变革，它要求人类必须适应并完成观念和实践的大转变。

首先，人类必须转变自然观。由过去认为人是宇宙的主体，大自然是人类的资源宝库和索取对象的观念，转变为自然与人类是平等的，人类在利用大自然为人类造福的同时要尊重自然、爱护自然，强调人与自然的和谐、统一。

其次，必须转变发展观，即由单纯的、片面的、过分的追求经济增长的发展观，转变为既注重经济增长，又注重社会整体进步的发展观；既重视经济数量，又重视经济质量的发展观；既关注人类自身的发展与幸福，又关注资源、环境、生态的利用和保护的发展观。

完成以上转变，人类必须摆正对自然的态度，处理好两方面的关系：

一是处理好人与自然的关系。人是自然界长期发展的产物，自然界是人赖以存在和发展的永恒前提。自然界是一个

组织系统，具有自我修复、自我净化的能力，人的行为必须尊重自然界的客观规律，而不是盲目地介入或者破坏这个系统。生态文明意识强调保护和改造自然并重，在保护中改造，在改造中实现保护，其中也包含着对已有生态环境的修复和净化。在某种意义上，也意味着对人类欲望和行为的必要节制。

二是处理好人与人的关系。必须转换人的思维方式，即从功利性思维转向互利性思维。"所谓功利性思维方式是指绝对地以人为中心，以最大限度地谋取和占有眼前物质利益为关注和思考对象的一种思维方式。它使人普遍采取了一种永无止境地追求和占有物质利益的基本价值取向，本质上是一种非持续的、非理论的。互利性思维方式则是以互利互惠的观点来处理人与人、人与自然关系的思维方式，是基于整个人类及其存在的特点所建立起来的一种独特的思维方式。它超越了个体的狭隘界限而以整体视角反观个人及人类。因而更能客观地观察和设计人类社会发展的轨迹。同时，还应树立前瞻意识，它以先有未来后有现在的思维方式考察存在，力图把过去、现在、将来统一起来。"①

---

① 徐菲菲、薛景华：《生态文明意识与经济发展》，《商场现代化》2007年第2期。

第五节　创造和倡导科学的生产方式和消费方式

　　面对大自然已经给予人们的报复，人类应当把追求"人与自然的和谐"写入自己的生命年鉴。对于中国人而言，宏观上，科学发展观为中国进一步发展提供了指导思想，可持续发展战略为中国未来发展指明了前进的道路，构建社会主义和谐社会就是未来中国最渴望达成的目标。从微观上，或者说从每一个人自己切身感悟而言，科学的生产方式和消费方式应该写进每个人的"日程表"。

一、创造科学的生产方式

　　与工业文明的非循环经济相区别，科学生产方式的组织原则和技术原则是循环的。它以科学的生产技术改造现代工业生产，主要发展生态经济、循环经济和低碳经济。它的主要特点是：遵循生态整体性的思维，对自然资源进行分层次的综合利用；推动提高可再生能源技术、节约能源技术、能效技术、温室气体减排技术的研发和运用，促进整个社会经济朝向低能耗、低碳排放和高能效的方向转型。

（一）科学的生产方式是发展生态经济

20世纪中叶，在环境污染、生态破坏和资源短缺成为全球性问题，人类持续生产受到严峻挑战的形势下，人们开始探讨新的发展方式。1980年，著名经济学家许涤新教授提出建立生态经济学，得到经济学界的广泛响应。

生态经济学是将经济学与生态学相结合，或经济学原则与生态学原则相结合。它的主要特征是：人类的经济活动，不仅以经济增长为目标，而且必须有改善环境质量、实现环境保护和资源保护的目标，以实现经济效益、环境效益和社会效益的统一。

发展生态经济是经济的重大转变，从技术和工艺的角度，需要发展新型产业，如生态工业、生态农业、生态林业、生态畜牧业、生态渔业以及生态旅游业等。以生态工艺或生态技术的应用为特征，以改变高消耗、低效益、高污染的生产方式，实现原料低消耗、产品高产出、环境低污染的生产。从区域经济的角度，用生态学的观点对区域经济开发进行生态设计，例如正在进行的海南生态省建设、青海生态省建设，又如威海以发展高新技术为主的生态化海滨城市，珠海建设现代化花园式生态市，大连园林化生态市建设，等等。

这种经济转变的关键词是"自然价值"，要以"自然价值"概念为基础重新设计人类经济活动，重新建构国民经济体系的理论和实践。实现这种转变，发展可持续的经济，既保证生产足够多的财富，以及财富的公正分配，不断改善人类的生活质量；又保证有较好的环境质量，维护生态潜力。既不对后代的发展造成危害，又不对生态安全造成危害。因而它是可持续发展的必由之路。

发展生态经济的主要原则是：

第一，遵从生态经济规律，实现经济规律与生态规律的统一。运用科学的生态思维，要遵从生产关系适应生产力发展水平的规律，生产力结构与地理结构相适应，根据生态资源的特点设计生产力布局；经济发展中不断调整生产关系以及人与自然的关系。

进行经济再生产要遵从物质循环、转化和再生规律。经济再生产与自然再生产是交织在一起的。而且，经济再生产以自然再生产为基础。因而，经济发展不能损害自然再生产过程，对可更新资源的开发不能超过它的再生能力，使物质循环概念成为社会目标，通常意义上的废物重新进入经济过程，降低资源消耗速度，减少废料排放，实现资源充分合理利用。

遵从生态平衡、经济与生态平衡的发展规律。它的原则是：一定的生态潜力是一定经济潜力的基础，两者相互依存互为条件，人对自然的需要不能取走的比送回的多；保持生态潜力的积蓄速度超过经济增长速度，随着每一次大量使用资源，社会必须投入用于资源保护的资金，对资源消耗进行补偿，取得最好的生态经济效益是经济发展的基本规律。

第二，实现生态效益、经济效益和社会效益统一的原则。生态效益、经济效益、社会效益，是生态经济最重要的概念，实现三者统一是发展生态经济的目标。这三者之间是有矛盾的。为了处理这种矛盾，在力求取得经济效益的同时，注意改善生态状况，取得生态效益；在力求取得生态效益的同时，注意经济效益；通过经济效益的提高，增强改善生态效益的力量；通过建立对经济建设更加有利的生态关系，来促进经济效益的提高。这是解决经济效益与生态效益矛盾的主要途径。

但是现在的世界经济，是在没有考虑地球的生态价值的情况下计算效率的，没有准备为使用自然价值付款。现行经济的效率以刨除资源和环境质量的价格计算，这种效率是扭曲的。这种挥霍我们未来的做法是不能持久的。如果真正按照生态系统对全球经济贡献的价值计算效率，不付出代价，那么全球价格体制将与现行的体制迥然不同。随着自然资本和生态贡献在将来越来越受重视和变得更加"匮乏"，预计其价值只会不断增加。这样，如果其他因素不变，它的经济效率便会大大降低。只有发展生态经济，实现经济发展的生态效益、经济效益与社会效益相统一，人类可持续发展才是可能的。

（二）科学的生产方式是发展循环经济

生物圈的物质生产是物质循环的无废料生产。我国学术界提出，模仿生物圈的物质生产，创造"生态工艺"，发展"生态工业"，实现循环经济的生产和生活。它的实质是，用生态学观点进行社会物质生产和人民生活的生态设计，实现经济和社会发展的"生态化"。

什么是循环经济？循环经济，是20世纪末21世纪初由日本、德国等发达国家提出的一种新的经济形式。1997年，日本提出"循环经济构想"，要求到2010年发展循环经济使日本新的环境保护产业创造约37万亿日元产值，提供1 400个就业机会。2000年6月，日本制定《促进循环型社会形成基本法》（以下简称《基本法》），目的是脱离"大量生产、大量消费、大量废弃"的经济模式，建设循环型社会，促进生产、流通和消费中物资的有效利用或循环利用，以限制资源浪费和降低环境负担。依据这一《基本法》又相继出台了《家电循环法》、《汽车循环法》、《建设循环法》等，并将废气的零排放作为企业经营理念，逐步实现以清洁生产和资源节约为目标的产业结构。

1996年，德国颁布实施《循环经济与垃圾处理法》，随后又制定《包装条例》、《限制废车条例》和《循环经济法》等法律，成立了专门组织对包装等废物进行分类收集和回收利用，试图将生产和消费改造成统一的循环经济系统。

我国的学者认为，循环经济是一种新的经济学，它遵循"3R"原则。所谓循环经济的"3R"原则是：第一，减量化。从传统的自然经济活动源头节约资源，减少污染的理念，扩展到降低人对物质产品的需求，使之合理化。这一原则认为经济活动应该满足的是需求而不是"欲望"。第二，再利用。从传统的延长产品使用周期、一物多用的理念，扩展到基础设施与信息资源共享，建立以废弃物为原料的再制造产业，尽可能利用可再生资源替代短缺资源。只有这样，才能做到当代留给下一代不少于自己的可利用资源，真正实现可持续发展。第三，再循环。从传统的生产中废物被利用为生产原料的理念，扩展到把传统工业经济"提取原料——制造产品——排除废物"的开放链孤立产业体系，改造为"提取原料——制造产品——排除废物——变为另种产业的原料"的循环产业体系。

进入新世纪，发展循环经济成为我国政府行为。党的"十六大"提出了关于"走新型工业化道路"设想，通过循环经济建设，走向科技含量高、经济效益好、资源消耗低、环境污染少、人力资源优势得到充分发挥、经济发展与环境保护统一、人与自然双赢的道路。它成为我国经济持续发展的重要途径。

胡锦涛在2003年人口资源环境工作座谈会上指出："要加快转变经济增长方式，将循环经济的发展理念贯穿到区域经济发展、城乡建设和产品生产中，使资源得到最有效的利用，最大限度地减少废弃物排放，逐步使生态步入良性循环。"

循环经济与传统经济模式比较，具有三个重要特点和优势："首先，循环经济可以充分提高资源和能源的利用率，最大限度地减少废弃物排放，保护生态环境。其次，循环经济可以实现社会、经济和环境'共赢'发展。再次，循环经济在不同层面上，将生产和消费纳入到一个有机的可持续发展框架中，包括企业内部通过清洁生产实现资源循环利用，企业和企业之间通过生态工业网络的资源循环利用，以及社区和整个社会通过废弃物回收和再利用体系实现资源循环利用。这是我们在经济建设中解决资源供给与需求之间的矛盾、经济发展与环境保护之间的矛盾、统筹社会经济与环境资源的关系是实现两者协调平衡发展的重要途径。"①

目前，我国已经在上述三个层次开展循环经济实践。2002年我国颁布《清洁生产促进法》，目前在二十多个省市区的二十多个行业、四百多家企业开展清洁生产审计，建立了20个行业或地方的清洁生产中心，有五千多家企业通过ISO14000环境管理体系认证，几百个产品获得环境标志；在企业相对集中的地区或开发区建立了10个生态工业园区，园区内上游企业的"废料"成为下游企业的原料，实现资源最佳配置和综合利用；城区和省区之间，如辽宁和贵阳等省

---

① 余谋昌：《生态文化是一种新文化》，《长白学刊》2005年第1期。

市，开始探索区域层次的循环经济的发展模式。

（三）科学的生产方式是发展低碳经济

2003年英国的政府文件《能源白皮书》最早谈及低碳经济。"英国是第一次工业革命的先驱，但其资源并不十分丰富，英国政府开始意识到气候变化和能源的安全问题给人类带来的威胁，英国已经从自给自足的能源供给时代走向主要依靠进口的时代。就目前英国的消费形式来看，预计到2020年80%以上的能源都需要进口。与此同时，气候变化所带来的危害已经迫在眉睫。依照该白皮书英国将从实际出发，减少对进口能源高度依赖。作为《京都议定书》的缔约国，英国提出要减少温室气体的排放，降低对化石能源的依赖和有效控制温室气体的排放，将低碳经济作为英国能源战略的首要目标。"[1]

2007年12月3日，在印尼的巴厘岛举行联合国气候变化大会。同年12月15日，会议正式通过一项决议，决定在2009年前举行应对气候变化问题的谈判，并制定出应对气候变化的"巴厘岛路线图"。该路线图确定了今后关于加强落实《联合国气候变化框架公约》的领域，为进一步实施《联合国气候变化框架公约》指明了方向；该路线图确立了对2009年前

---

[1] 熊焰：《低碳转型路线图》，中国经济出版社2011年版，第98页。

应对气候变化谈判的关键议程；该路线图为全球进一步迈向低碳经济起到极其重要的作用，它标志着人类就应对气候变化问题走出了新的一步，是一座新的里程碑。

2009年7月18日，G8峰会提出截止到2050年，绝大多数发达国家温室气体排放总量应在1990年或其后某一年的基础上减少80%以上，到2050年全球温室气体排放总量至少减少50%。这预示着全球经济转型到低碳经济是实现这一目标的关键所在。这意味着从现在到2050年的未来几十年里，低碳经济将成为企业竞争力和国家竞争力的重要标准。与此同时，国际社会对于全球气候变化所产生的问题也日益关注，建设低碳经济将是世界各国应对全球变暖问题的关键。

2011年11月28日，德班气候大会决定实施《京都议定书》第二承诺期并启动绿色气候基金。其中，决定实施《京都议定书》第二承诺期将鼓励更多的资金投向应对气候变化的技术和基础设施方面。这次气候大会进一步坚持了多边体制、透明度原则和缔约方推动原则。多个国家和组织对会议成果给予积极评价，也有不少声音批评部分发达国家阻挠谈判进程，逃避责任。

"随着应对气候变化的国际行动不断深入，低碳发展道路在国际上受到越来越多的青睐，气候变化和金融危机成为当前世界各国共同应对的大挑战，向低碳经济转型已经成为世界经济发展的大趋势。"[1]

在应对气候变化的过程中，中国政府提出了低碳转型的发展思路，主要有三大方面：第一，气候变化已经对中国的农业、森林、水资源、海岸线、社会、经济等方面造成了很大的影响，应对气候变化的问题显得十分紧迫；第二，国际社会不断对中国的碳排放施加压力，一些发达国家甚至要求中国承担强制性的减排义务，这种背景使得中国不能继续走"高排放、高污染、低效率"的工业化道路；第三，中国经济的高消耗、高排放模式不仅污染环境、浪费资源，而且由于铁矿石、石油等资源价格逐步走高而不可持续，显然，中国发展低碳经济无疑是一种必然选择。

低碳经济是社会经济体系的构建和发展能够实现低碳排放。低碳排放可有不同的定义：一是实现人类社会的共同愿景，即全球实现低升温目标下的排放水平；二是本国或者本区域在本身自然资源条件下，尽最大努力来减少温室气体排

---

① 刘传庚、丛威、赵龙祥：《中国能源低碳之路》，中国经济出版社2011年版，第68页。

放；三是指实现全球低浓度目标下的排放水平的经济体系。当前，生态环境恶化，人类正面临着全球日益变暖的巨大压力，低碳经济是在此背景下提出的一种新的社会发展理念。发展低碳经济的核心是技术的创新和应用，以此来替代化石能源的消耗。低碳经济将是绿色的经济增长模式。作为一种新的能源消费方式和经济发展模式，低碳经济以低排放、低污染、低能耗和高效益、高效率、高能效为基础，以促进社会的可持续发展为基本目的，其实质在于推行区域清洁技术的发展，大力提升能源的高效利用，全面促进产品的低碳开发，推动世界经济发展的可持续性和维持全球的生态平衡。低碳经济是从高碳高耗能时代向低碳低耗能时代演变的一种经济发展模式，它与中国目前提出的资源节约型、环境友好型社会和可持续发展的理念要求是完全一致的，与中国当前大力推行的循环经济和节能减排也有密切联系。

经过几年的努力，我国在发展低碳经济领域已经取得了显著的成绩。首先，相继淘汰了一大批落后产能，仅2010年前5个月就关闭不符合安全生产条件的小煤矿620处，淘汰落后产能7 540万吨。"十一五"期间全国累计关停小火电机组超过7 000万千瓦，按同等电量由大机组代发计算，每年可节约原煤8100万吨，减少SO_2排放140万吨，减少CO_2排放1.64亿吨，分别比2005年减少2.6%、5.5%、3.2%。

其次，积极发展可再生能源，可再生能源消费占一次性能源的比重从7.5%提升至目前的9%；我国目前在可再生能源领域拥有四个第一：水电装机全球第一、太阳能热水器利用规模全球第一、核电在建规模全球第一、风电装机增速全球第一。

最后，我国的森林覆盖率大幅提高。2009年，我国的森林覆盖率已提高至20%。2010年，我国的人工造林占全球人工造林面积的73%。我国人工林保存面积居全球第一，人工造林面积6 200万公顷。数据显示，1980年至2005年，我国通过持续不断地开展造林和森林经营、控制毁林，净吸收和减少CO_2排放累计51.1亿吨。2004年我国森林净吸收了5亿吨CO_2总量，占同期全球温室气体排放总量的8%以上。

即使是面对国际金融危机的冲击，中国政府也没有放松对发展低碳经济的努力。在中央政府新增的4万亿元投资当中，与气候变化、环境保护以及生态建设方面相关的投资就达到了5 800亿元。

二、倡导科学的消费方式

（一）什么是科学的消费方式

科学的消费方式可以表述为"生态消费"或"绿色消费"，是应可持续发展的需要而提倡的消费方式，是人们为保护和改善环境而在消费上作出的一种主观努力。近年来，由于环境保护运动的发展，我国公民的生态消费意识在逐步提高。但是，由于我国公民对人与自然这一根本概念的模糊，多数情况下这种生态消费意识并不能够转化为实际行动。在消费观念上，公民不但"绿色"意识薄弱，且在行动上也缺乏主动性和自觉性。现在，人们的物质消费欲望有增无减，许多人向往既不符合国情也不符合科学消费方式的奢华生活。

科学的消费提倡合理使用和节约资源，实现可持续消费。消费的过程也是消耗资源的过程，消费的规模和方式必须考虑自然资源的承受能力。我国是一个自然资源相对短缺的国家，消费决不能以牺牲未来或浪费自然资源为代价。应调整消费结构，加快建设资源节约型社会，提倡节约资源，合理利用资源，研究开发新技术，限制资源消耗大的产品生产，并寻找其替代品，转变粗放型的经济增长方式。

大力提倡和推进有利于环境保护和生态平衡的消费，实现人与自然的和谐发展。应改变"资源——产品——废弃物排放"的线性经济，发展"资源——产品——再生资源"的环状反馈式循环经济，建立完善的消费后废弃物的分类清运回收系统，实现有限资源的循环再生。以科学的消费方式保护自然环境，从而提高人的生活质量，实现人与自然的和谐发展。

（二）现代消费方式的特点

现代的消费由巨大财富、先进的科学技术和丰富充足的产品支撑。我们不必列出每年GDP的庞大数字，不必列出每年煤炭、石油和天然气的产出和消费，宽体客机、高速火车和各种汽车的产出和消费，电子计算机和网络高速公路、高楼大厦、别墅和公寓竣工和投入使用，各种产品、生活日用消费品、衣食住行的各种商品的产出和消费，各种形式的大学、中学、小学和幼儿园的开办，各种形式的医院和诊所的开办，各种各样药材的生产和消费，电影、电视和书刊的发行……不必一一列出庞大的数字，只要我们走进大型超市看看琳琅满目的商品，走进电脑看看网络繁荣无比的世界，观察我们周围的生活景象，就会知道我们今天过的是什么日子，一派繁荣兴旺的景象。

生产过剩，物资大丰富，生产厂家和广告公司推销消费主义，人们购物又不用考虑节约的问题，竞相购物，推动了一种真正高消费和过量消费的生活。追求高档商品，"为能买进名牌货而工作"，购买昂贵商品才有尊严，奢侈挥霍成为时尚。

（三）低碳的消费方式是科学的消费方式

低碳社会是一次全方位的变革，低碳消费方式是其重要环节。低碳消费方式是人类社会发展过程的根本要求，是走向低碳社会的必然选择。它能更好地提高人们的生活质量。低碳消费方式是既能维护个人基本需要并获得满足的基本权利，又能实现保证气候的目标。在面临环境与资源约束的情况下，应把现有的有限资源用来满足人们的基本需求，坚决限制奢侈浪费。

人们应该更多地意识到，环境的质量影响着生活的质量，如果优化我们的环境，人们的生活质量也会提高。在环境日益恶化、资源日益稀缺的今天，要提倡可持续的消费生活方式。低碳消费应当从我们的日常生活做起。推荐绿色的生活方式，尽量不用塑料袋，购物先算碳排放。有些事，看起来很小，但如果大家都这么做了，那么意义却非常重大。

（四）循环利用的消费方式是科学的消费方式

现代理性环保消费方式是一种新的消费理念，它不仅对公民个人提出了新的要求，而且对物质生产领域提出了新的要求，要求人们必须树立循环利用的意识，维持自然生态的平衡。在生产领域，循环经济就是最好的选择，它作为可持续发展的战略模式是新型工业化道路的必然选择。工业化大生产经济模式是一种高消耗、高污染、高废弃的经济，给人类带来灾难性的破坏。循环经济与此正好相反，它主张以最小限度使用自然资源，并注重生产原料的循环利用。现代理性环保消费方式就是用一种循环利用的消费理念，从生产领域到消费领域都要用循环利用的观念来考量。对于公民个人而言，如果在实际消费时首选再生物品，那么循环经济和生态文明建设的前景将是无比光明的。

（五）健康节俭的消费方式是科学的消费方式

改革开放以来，人们的钱袋逐渐开始丰盈，随之不健康的消费观念便开始萌生。一是炫耀式消费，由于消费品客观上成为表达自我的符号，于是在开放性认同机制中，尤其是青少年之间往往进行无休止的消费品攀比或炫耀，以维持或提升在同伴群体中的地位和身份，从而导致欲望水平和消费品标准的不断提高。这不仅造成资源利用的严重浪费，而且影响着人们之间的人际关系。二是西方工业文明所倡导的消费主义心态。消费主义指的是以"多买多用多扔"的生活方式和"多多益善"的价值观念为特征的消费观。随着全球化的深入发展和我国对外开放的不断扩大，西方消费主义的生活方式和价值观念对我国公民的影响日深，物质主义和享乐主义渐成时尚。这些都迫切需要加强公民健康节约消费方式的宣传和培育，使其消费与物质生产发展水平相适应，与自然的承载能力相协调，形成艰苦奋斗、崇尚俭朴、注重环保的理性消费意识，以实现节约资源、保护生态的双重效应。

（六）用科学发展观引导消费方式的变革

消费方式的转变是发展模式的主要内容之一，没有科学消费观的支持，科学的发展观也不可能彻底和牢固树立起来。因此，要实现科学发展模式必须进行相应的消费方式变革。

第一，树立适度消费的理念。适度消费是指在满足生活需要范围之内，不过度地欲求。现代经济学把物质消费分为满足需要的消费和满足欲求的消费，"需要"是人们为了生活必须消费的东西，而"欲求"则是在需要之外，由追求心理上各种满足，如追求地位上的优越感、满足感、嫉妒、攀比和炫耀，进而形成的一种需求。需要是有限的、相对稳定的；而欲求则是无限的。满足需要的消费是一切社会共同具有的，而满足欲求的消费则是工业社会所独有的。"欲求消费"在本质上是一种"异化消费"，它使消费与"需要"、"使用价值"相背离，过度地去追求不必要的欲求满足，势必造成巨大的浪费。对于普通人来说，适度消费由支付能力决定，超过支付能力的超前消费和过度积累的滞后消费都是不可取的。

第二，培养"文化人"，用先进文化引导消费。科学技术是第一生产力，文化教育是第一消费力。要充分发挥第一生产力和第一消费力的作用，提高全民的政治思想素质和科学文化素质，从根本上体现以人为本。文化是发展的摇篮，用先进文化来引导消费活动，丰富消费生活的文化内涵，使人们的物质需要不断得到满足，精神文化生活更加充实，从而使人的本质力量不断发展和提升，使人成为具有丰富文化内涵的"文化人"。这样，就可以不断提高消费中的科技含量和文化含量，促进人的身心健康和全面发展，促进物质文化、精神文化、生态文化的发展，促进人与自然之间、人与人之间的和谐协调。

第三，实行循环消费。这就要求消费品生产所需资源是可再生的，使用不可再生资源生产的消费品应能够循环利用。这种消费理念是由美国经济学家K. 波尔丁在20世纪60年代提出来的，旨在人、自然资源和科学技术的大系统内，在资源收入、企业生产、产品消费及其废弃品的全过程中，把传统的依赖资源消耗的线形增长经济转变为依靠生态型资源循环来发展经济，努力做到在消费的同时就考虑到废弃物的资源化，以及坚持消费代际公正与代内公正的行为准则：当代人的发展及其需求满足不能以牺牲后代人或者同代人中一部分人的利益为代价。

第四，倡导资源节约型消费。节约型消费是尽可能少地消耗资源，保证全社会有较高的福利水平的科学合理的消费观念。首先，这里的"节约"与其传统意义有根本的区别：节约并不是吝啬，不是该花的钱不花，而是花尽可能少的钱获取更大的效益。节约不是过苦日子，消费不是铺张浪费，要科学、适度地消费。消费既要量入为出、量力而行，又要以人为本、扩大消费、公平消费。消费不是浪费，节约型消费要避免浪费。消费是必需的，但要绿色消费、环保消费。其次，这里的"节约"并不等同于一般意义上的节约。它是按科学发展观，建设节约型社会的要求，即人们在科学、合理、有效地消费后，应当而且必定将目光和富余的资源投向许多新的陌生的消费领域，不断延伸出新型的消费种类，从而真正提高人们的生活质量。

科学的消费就是要进行节约，节约大概有三个层面：决策政策层面、技术支持层面和资源使用层面。不同的层面，其内容各不相同，又互相联系，甚至相互制约。三者协调统一，节约的内涵才能完整，节约的效用才能更大。因此，推行节约型消费需要全社会力量的参与，通过政府消费、政府购买等方式，优先选用绿色产品和再生产品，制止资源过度消耗和奢侈消费的现象，为人们的日常消费作示范和引导；在消费领域全面推广和普及节约技术，鼓励消费能源资源节约型产品，倡导社会循环式消费，努力实现废弃物资源化、减量化、无害化，逐步形成节约型消费方式；大力加强消费教育，动员全社会力量，广泛开展多种形式的能源资源节约活动，努力营造建设节约型社会的良好氛围。

（七）保护环境从自身做起

第一，拒绝使用一次性筷子。一次性筷子又称"卫生筷"、"方便筷"，是人类社会生活节奏加快和社会服务发展到一定阶段的产物，曾被视为一种文明标志。然而，现实表明，其所谓"卫生"和"方便"不过是人们一种虚幻的心理期望，它的使用与"折枝为筷"本质相同。与每餐清洗消毒、不需要众多生产基地和繁琐运送过程的重复使用的筷子比，一次性筷子既不卫生，也不方便。它的生产，是一种野蛮的掠夺行为，它的储运伴随着难以避免的污染，而其使用显然也是不洁和浪费的。一棵生长了20年的大树，仅能制成6 000—8 000双筷子。我国每年生产一次性筷子1 000万箱，其中600万箱出口到日、韩等国。日本人发明了一次性筷子，却不用自己国土上的森林生产，而且筷子用后还会回收用作造纸业的生产原料。我国森林覆盖率不足日本的1/4，每年因为生产一次性筷子减少森林面积200万立方米。因此，我们应该提倡外出就餐拒绝使用一次性筷子，在平时的学习和工作中拒绝使用木杆铅笔。

第二，多用肥皂，少用洗涤剂。肥皂是由天然原料脂肪，再加上碱制成的。肥皂使用后排放出去时，很快就可由微生物分解。所以相对来说，肥皂在生产和使用上，对环境的影响是轻微的。与肥皂相比，洗涤剂对环境的影响较大。合成洗涤剂在制造过程中会产生大量的废水和废气，它的使用，特别是含磷洗涤剂的使用，又造成了一系列的环境污染。含磷洗衣粉中的磷酸盐能刺激水藻的过分增长，水藻在死亡时会因其自身有机物质分解使水生态系统负荷过重，造成水体富营养化问题。被磷污染的水域含有供水藻生长的丰富肥料，水藻的过分生长又造成氧耗竭，以致水域里的鱼虾因为无力与水藻争氧而死亡，被磷污染的江河湖海中，都会形成"死亡带"。因此，为了尽量减轻对环境的破坏，我们大家都应该多用肥皂，少用洗涤剂。

第三，节省纸张，回收废纸。在报纸、电视中，我们常常可以看到一些造纸厂污染环境的报道。大量的污水把水体变得又黑又臭，鱼虾绝迹，农田减产乃至绝收。生产纸张大部分以木材为原料，而木材的来源——森林是我们赖以生存的根本，是"地球之肺"，同时造纸还会污染环境，所以节约纸张就等于保护了我们生存的空间。在我们每天繁忙的学习和工作中，留心一下准备扔掉的废纸，也许反面还能用。即使是没有空白的废纸也不要随便扔进垃圾桶。回收一吨废纸可以少砍17棵大树，生产800公斤好纸，减少35％的水污染，节省一半以上的造纸能源。我国的废纸回收率很低，每年都要进口废纸，仅1996年就进口了137万吨。我们可以把学校和家中的旧报纸、旧课本、废纸片等集中起来，送往废品收购站。在购买纸张时选择再生纸，用实际行动支持废纸的循环利用，还可以把废纸回收的好处告诉同学和父母。

第四，少吃口香糖。作为一种休闲食品，口香糖固然有很多可爱之处，但是近年来在一些发达国家，口香糖的名气却开始臭了。原因很简单：口香糖入口时清爽，"出口"时却只会让人恶心。更令人头疼的是，口香糖吐在地上后形成的残迹难以清除、难以降解，给环卫工作添了很多麻烦。在北京天安门广场，口香糖残迹就像鸡屎，还会粘在游人的鞋底上。为了防止让口香糖残迹败坏形象，国外一些城市近年来开始制定法规，禁止人们在公共场合吃口香糖。比如在新加坡，在公共场合吃口香糖的人会被处以高额罚款。虽然现在中国还没有针对口香糖消费采取什么限制措施，但任何一个关心环保的人都应该对口香糖说"不"，至少在吃口香糖时不要出口成"脏"。

第五，回收废电池。日本中部有一条河叫神通川，1955

年后发现两岸的一些地区出现一种怪病，"骨痛病"。该病发作时病人骨骼折断，弯曲变形，痛苦不堪，后期终日卧床，不停地喊疼，最终衰竭而死。尸体解剖发现，有的死者全身骨折多达73处，身长缩短30厘米。经过调查，原来是流入神通川的工业废水中的镉和汞所致。食用受镉和汞污染的水或食物，镉和汞就进入人体蓄积，阻碍骨骼对钙的吸收，使骨质软化、疏松。镉在自然界中与锌矿伴生，工业废水中的镉主要来源于冶炼锌。日常生活中不可缺少的电池就含有镉、铅、锌、汞。虽然每节电池中含量很少，但十几亿中国人，如果其中1亿人每人每年用10节电池，那就是10亿节。电池腐烂后，有毒金属渗入土壤、水体积累，通过食物链进入植物、动物，最后进入人体，必然导致严重的疾病。随手扔掉的废电池中含有的金属可能有一天就被自己吃下。为了防止电池对环境的污染，请找一个盒子放在家中或学校，专门收集废电池。到了一定数量再送到指定的回收地点，统一处理，减少对环境的危害。

第六，使用节能型灯具。在改善照明技术的过程中，白炽灯比蜡烛发光效率高70倍，寿命长100倍；比油灯效率高20倍，同时提供更高质量的照明。节能照明产品小型荧光灯比白炽灯效率又高3倍，寿命长9倍，而且发出光的亮度相当。和白炽灯一样，小型荧光灯降低了照明成本。在美国，小型荧光灯的照明成本仅为白炽灯的一半，即使减去灯本身的成本，用小型荧光灯代替白炽灯，也能节省30美元。目前全世界使用着大约5亿个小型荧光灯。如果同时使用的话，节约的电能相当于28座大型火力发电厂的约2.8万兆瓦发电量。除此之外，使用节能灯还可通过减少耗电量来减轻由能源使用导致的环境副作用，如气候变化、酸雨和煤炭燃烧时产生铅、砷等有毒金属。同时，使用电能涉及发电、送电、用电以及大型设施的建设和维护，所有步骤都会产生废物。据统计，在美国，一支节能型的小型荧光灯最终将少产生90公斤固体废物。我国素有节电传统，应该发扬光大。

第七，不焚烧秸秆。目前，在全球范围内，一个毋庸置疑的事实是，土壤的质量正在退化。农民施用了很多的氮磷钾化肥，它们迅速而方便地替代了土壤在侵蚀过程中或在种植农作物过程中输出的许多营养成分，但是在发现增加化肥用量可以提高产量的几十年后，在许多国家，可种植的作物品种对化肥的接受效应达到极限，施肥也不再能够掩饰越来越严重的土壤退化。化学肥料不可能代替真正肥沃的土壤，它们不能给土壤提供包括有机物、微生物、昆虫、水等在内的一些基本构成。这些基本构成之间相互作用，会为植物创造一种有益的环境。比较流行和有效的做法是让秸秆还田，提高土壤中有机质的含量，防止土壤退化。

第八，少用农药。农药是人类的发明，用以消灭害虫，为农牧业并进一步为社会发展作出了重要贡献。然而，随着药力的加大和使用范围的扩大，农药的弊端显露出来。农药一旦进入环境中，其毒性和高残留性就会发挥作用，造成严重的大气、水体及土壤污染。在生物圈中，农药在植物体内富集或残留于植物表面，通过植物、昆虫、鱼类、鸟类及气、水流通的作用进行转化和富集。一方面害虫逐步地产生了抗药性，使农药的需求量日益增加，出现恶性循环；另一方面，益鸟、益虫被杀，生态失衡，造成新的、更大的虫害爆发。此外，农药残留于植物表面或体内，进入自然界的水体、鱼类及昆虫体内，通过多种途径进入人体，影响人的神经、肝脏、肾脏等器官，引起慢性中毒，诱发癌症等多种病症。高毒性农药甚至有遗传毒性，造成畸形婴儿，缩短人的寿命。因此，我们应尽量减少农药的使用，同时推广高效低毒、对环境影响小的新型农药。充分发挥生态调节作用，保护益鸟、益虫，维持生态平衡。

第九，拒绝使用珍贵木材制品。现在，社会上形成一种盲目攀比、追求奢华的消费风气。"物以稀为贵"的思想使人们舍得花高价购买和使用珍贵木材制成的家具。而这种畸形的消费观念正对大自然造成严重的破坏。以红木为例，红木是热带雨林出产的珍贵木材，价格年年攀升。一套红木家具高达数百万元，但仍有人购买。我国的红木家具都是国外市场进口的，但地球的生态系统是一个整体，任何地区热带雨林的砍伐都会造成整体的生态失衡。另外，珍贵木材取自珍稀树种，而珍稀树种是不可复生的自然遗产。10 000年前，地球上约1/2的陆地面积覆盖着森林，约62亿公顷，而如今只剩下28亿公顷了。全球的热带雨林正在以每年1 700万公顷的速度减少着，用不了多少年，世界的热带雨林资源就会被全部破坏。雨林是地球之肺，失去了肺，地球将会怎样呢？保护雨林、保护珍稀树种，我们应拒绝消费或使用珍贵木材制品。

让我们从我做起，从日常生活做起，实行可持续的消费模式，实现低碳经济，为建设低碳社会作出自己的贡献。随着全面小康社会的到来，人类的需求由物质到精神，由商品到服务，由有形到无形的不断提升，要用科学发展的消费理念引导消费方式的变革，在全社会逐步形成文明、节约、与国情相适应的消费方式，使之既符合人的身心健康和全面发展，又促进社会经济的发展，实现人与自然的和谐进步。

参 考 文 献

[1]马克思恩格斯文集（第1—10卷）[M]. 北京：人民出版社，2009.

[2]恩格斯. 自然辩证法[M]. 北京：人民出版社，1984.

[3]邓小平文选[M]. 北京：人民出版社，1995.

[4][法]塞尔日·莫斯科维奇. 还自然之魅[M]. 庄晨燕、邱寅晨译. 上海：三联书店，2005.

[5][法]波德里亚. 消费社会[M]. 刘成富，全志纲译. 南京：南京大学出版社，2001.

[6][美]奥尔多·利奥波德. 沙乡年鉴[M]. 侯文蕙译. 长春：吉林人民出版社，1997.

[7][美]阿尔温·托夫勒. 第三次浪潮[M]. 朱志炎等译. 上海：三联书店，1983.

[8][加]威廉·莱斯. 自然的控制[M]. 岳长龄，李建华译. 重庆：重庆出版社，1993.

[9]余谋昌著. 自然价值论[M]. 西安：陕西人民教育出版社，2003.

[10]徐艳梅. 生态学马克思主义研究[M]. 北京：社会科学文献出版社，2007.

[11]陶火生. 生态实践论[M]. 北京：人民出版社，2012.

[12]黄承梁，余谋昌. 生态文明：人类社会全面转型[M]. 北京：中央党校出版社，2010.

[13]许涤新. 生态经济学探索[M]. 上海：上海人民出版社，1985.

[14]熊焰. 低碳转型路线图[M]. 北京：中国经济出版社，2011.

[15]刘传庚，丛威，赵龙祥. 中国能源低碳之路[M]. 北京：中国经济出版社，2011.

[16]王学俭，官长瑞. 生态文明与公民意识[M]. 北京：人民出版社，2011.

[17]黄海峰，刘京辉等. 德国循环经济研究[M]. 北京：科学出版社，2007.

[18]俞可平. 科学发展观与生态文明[M]. 上海：华东师范大学出版社，2007.

[19]沈国明. 21世纪生态文明环境保护[M]. 上海：上海人民出版社，2005.

[20][俄]B．JI．伊诺泽姆采夫. 后工业社会与可持续发展问题研究[M]. 安启念等译. 北京：中国人民大学出版社，2004.

[21]刘文英. 儒家文明——传统与传统的超越[M]. 天津：南开大学出版社，1999.

[22]潘岳. 论社会主义生态文明. 学习时报[N]，2008年（04）.

[23]陈寿朋. 略论生态文明建设. 人民日报[N]，2008年1月8日.

[24]汤兆云. 我国现行人口政策的形成与稳定[J]. 江苏大学学报，2004（01）.

[25]原新，石海龙. 中国出生性别比偏高与计划生育政策[J]. 人口研究，2005（03）.

[26]刘永强，庞立国. 社区老年人健康需求与体育的作用[J]. 社会福利，2012（03）.

[27]曾建平，韩玲. 试论科学发展观的价值向度[J]. 江西师范大学学报，2005（02）.

[28]郑伟亚. 科学发展观与可持续发展[J]. 经济师，2008（03）.

[29]张金萍，秦耀辰，张二勋. 中国区域可持续发展定量研究进展[J]. 生态学报，2009（12）.

[30]齐晔，蔡琴. 可持续发展理论三项进展[J]. 中国人口·资源与环境，2010（04）.

[31]孙同福. 马克思主义哲学视野下的科学发展观[D]. 苏州大学硕士论文，2007（06）.

[32]梅傲霜. 科学发展观对马克思主义发展观的创新研究[D]. 中南大学硕士论文，2008（06）.

[33]杨越. 科学发展观的价值追求研究[D]. 湖南大学硕士论文，2009（05）.

[34]刘凯亚. 科学发展观的理论创新研究[D]. 西南大学硕士论文，2007（04）.